Rainer Haak

99 gute Gründe, gelassen zu leben

Über den Autor

Rainer Haak ist Schriftsteller und Theologe. Nach dem Studium der Theologie war er als Gemeinde- und Jugendpfarrer tätig. Seit 1990 arbeitet er hauptberuflich als freier Schriftsteller. Bekannt wurde Rainer Haak vor allem als Autor meditativer Geschenkbücher. Seine Werke wurden in zahlreiche Sprachen übersetzt. Die Gesamtauflage seiner Bücher beträgt über 9 Millionen. Er ist regelmäßig unterwegs zu Lesungen und Vorträgen und lebt mit seiner Frau, der Sängerin Angelika Haak, und zwei Kindern in Lüneburg.
www.rainerhaak.de

RAINER HAAK

99 gute Gründe, gelassen zu leben

GerthMedien

FSC
www.fsc.org
The mark of responsible forestry
FSC® C017859

Verlagsgruppe Random House FSC-DEU-0100
Das für dieses Buch verwendete FSC®-zertifizierte Papier *EOS* liefert Salzer, St. Pölten.

1. Auflage 2012
Bestell-Nr. 816 671
ISBN 978-3-86591-671-6
Umschlaggestaltung: Hanni Plato
Umschlag- und Innenteilfotos: shutterstock
Satz: Marcellini Media GmbH, Wetzlar
Druck und Verarbeitung: CPI Moravia

Inhalt

Vorwort 9
1. Einfach mal nichts tun 12
2. Keine Urteile fällen 14
3. Eine große Welt 16
4. Nicht alles „richtig“ machen 20
5. Ausgeschlafen sein 22
6. Abstand gewinnen 24
7. Zu den Fehlern stehen 26
8. Richtig auswählen 28
9. Keine Sorgen mehr 30
10. Sich dem Leben stellen 32
11. Niemand muss müssen 34
12. Selbstbewusst und bescheiden 36
13. Oben und unten 38
14. Von den Kindern lernen 40
15. Dem Glück nicht nachjagen 42
16. Zum Genießer werden 46
17. Genießen lernen 48
18. Gute Gesundheit 50
19. Eine kleine Abwechslung 52
20. Sich über ein Ergebnis freuen 54
21. Die innere Stimme hören 56
22. Den Ausweg wählen 58

23. Die richtige Sichtweise 60
24. Das Böse überwinden 62
25. Zweckfrei leben können 64
26. Positive Worte 68
27. Die eigenen Möglichkeiten nutzen 70
28. Eine eigene Meinung 72
29. Freie Zeit einplanen 74
30. Probleme zulassen 76
31. Verzichten lernen 78
32. Den Rhythmus des Lebens akzeptieren . . 80
33. Keine Angst, etwas zu versäumen 83
34. Grenzen setzen 85
35. Endlich anfangen 87
36. Ballast abwerfen 89
37. Immer wieder loslassen 91
38. Loslassen lernen 93
39. Erkennen, was *dran* ist. 96
40. Loslassen einüben 98
41. Die eigenen Pflichten überprüfen 100
42. Das Menschsein akzeptieren 102
43. Groß und klein 104
44. Langsamer, aber intensiver 106
45. Nicht jammern, sondern danken 108
46. Die Seele tanzen lassen 110
47. Sich für andere engagieren 112
48. Erfolg anders definieren 114

49. Immer locker bleiben 116
50. Alte Vorhaben hinterfragen 118
51. Zeit für das Wichtigste 120
52. Veränderung gestalten 122
53. Unterscheiden lernen 124
54. Großzügig sein 126
55. Freiheit bewahren 128
56. Einfach Mensch sein 130
57. Egoismus überwinden 132
58. Nur für heute 134
59. Die eigenen Schwächen akzeptieren 136
60. Mit den Tiefen leben 138
61. Spaß haben 140
62. Gute innere Bilder 142
63. Verletzungen heilen lassen 144
64. Niemals *alles* geben 146
65. Mit dem Geld haushalten 148
66. Die eigene Kraft nutzen 150
67. Das Gute erkennen 152
68. Weniger – aber dafür intensiver 154
69. Sich innerlich entrümpeln 156
70. Gottvertrauen 159
71. Schwere Zeiten akzeptieren 161
72. Nicht perfekt sein müssen 163
73. Endlich anfangen 165
74. Weniger essen 167

75. Verbotenes tun 169
76. Gefühle zulassen 171
77. Sich mitfreuen 174
78. Verlieren können 176
79. Nicht nach vorne drängeln 178
80. Staunen und sich freuen 180
81. Ein fröhliches Lächeln 184
82. Niemanden erziehen 186
83. Nichts erwarten und doch alles 188
84. Sich nicht ablenken lassen 190
85. Echte Fröhlichkeit suchen 192
86. Mit wenig zufrieden 194
87. Nur eine Sache 196
88. Nicht so verbissen 198
89. Vieles leichter nehmen 200
90. Von Herzen lachen 202
91. Selbst entscheiden 204
92. Sich Zeit nehmen 206
93. Alles hat seine Zeit 210
94. Ja sagen, Nein sagen 212
95. Sinnlose Dinge tun 214
96. Die Trauer annehmen 216
97. Sich selbst schützen 218
98. Öfter mal feiern 220
99. Zu sich stehen 222

Vorwort

„Was wünschen Sie sich für Ihr Leben?“, frage ich manchmal bei meinen Vorträgen. Da kommen dann die unterschiedlichsten Wünsche zusammen. Am häufigsten genannt werden nicht etwa Wohlstand und Erfolg, sondern Gesundheit, Freundschaft, Vertrauen – und immer wieder Gelassenheit und Leichtigkeit. Hätten Sie das gedacht?
Auch wenn diese Umfrage nicht repräsentativ ist und vielleicht die „falschen“ Leute in meine Vorträge kommen: Es gibt eine wachsende Sehnsucht nach allem, was echt ist – nach tiefen Gefühlen, gesundem Glauben, intensivem Leben. Doch das erscheint unerreichbar für jene, die sich ständig selbst unter Druck setzen und vor lauter Sorgen und Problemen kaum frei atmen können.
Dieses Buch will Ihnen Lust machen auf mehr Leichtigkeit und Lebendigkeit. Wählen Sie aus, was für Sie hilfreich sein könnte. Und machen Sie sich keinen Druck auf dem Weg zur Gelassenheit.

Rainer Haak

1 Einfach mal nichts tun

Gehören Sie auch zu der Kategorie Menschen, die ständig etwas tun müssen? E-Mails abrufen, aufräumen, telefonieren, einkaufen, Kontakte pflegen, reparieren, kochen – es darf kein Leerlauf entstehen. Und wenn es den doch einmal gibt, wenn sie „einfach nur so" auf der Couch sitzen, geht es weiter: grübeln, sorgen, planen, zurückblicken, vorausschauen, Horrorszenarien entwickeln …
Für diese Menschen ist es die vielleicht wichtigste Herausforderung, ab und zu „nichts" zu tun. Oder wenigstens fast nichts. Viele versuchen es immer wieder, aber scheitern meistens kläglich. Ich denke an die Frau, die nach einem Vortrag zu mir kam und mir erzählte, dass sie ständig etwas Sinnvolles tun muss. Sie berichtete von einem typischen Erlebnis: Vor einiger Zeit kam sie nach einem anstrengenden Tag zurück in ihr Haus auf dem Lande. Jetzt noch einmal den warmen Septemberabend genießen, sagte sie sich. Sie ging in den Garten und steuerte auf den bequemen Gartenstuhl zu, den sie im Frühjahr gekauft und bisher noch kaum genutzt hatte. Gerade, als sie sich gemütlich hinsetzen wollte, fiel ihr Blick auf eines der Blumenbeete. Dort entdeckte sie

etwas Schreckliches: Unkraut! Sie schoss hinüber – und zwei Stunden später kniete sie immer noch im Beet und rupfte Unkraut heraus. Da erst wurde ihr deutlich, was sie tat. „Dabei wollte ich doch einfach mal gar nichts tun!"

Auch das Nichtstun will gelernt und eingeübt werden. Probieren Sie doch einmal Folgendes: Sie setzen sich auf eine Bank im Park, die umgeben ist von wunderschönen Blumen. Eine der Blüten betrachten Sie intensiv – was für ein Wunder der Natur! Sie können sich nicht sattsehen. Nein, den Namen der Blume müssen Sie nicht herausfinden. Sie schauen und freuen sich.

Danach achten Sie für einige Minuten nur auf Ihren Atem. Ist das nicht beeindruckend, wie sich Einatmen und Ausatmen in einem regelmäßigen Rhythmus abwechseln?

Wenn Sie anschließend nach Hause kommen und gefragt werden, was Sie getan haben, antworten Sie vielleicht: „Nichts, gar nichts! Es war wunderbar!"

2 Keine Urteile fällen

Wer sich selbst ständig unter Druck setzt und selten mit etwas zufrieden ist, steht in der Gefahr, auch über andere Menschen Urteile zu fällen. Wie das aussieht? Vielleicht so: „Wie ärgerlich, dass die Nachbarn so oft am Sonntag im Garten arbeiten!" – „Unglaublich, wie rücksichtslos die Radfahrer durch die Stadt rasen!" – „Furchtbar, wie diese Frau ihren Mann behandelt!" – „Die haben keinen Geschmack. Wie kann man sein Haus in so einer hässlichen Farbe streichen?" – „Die Kleine tanzt ihrer Mutter auf der Nase herum. Die müsste mal richtig erzogen werden!" – „Das war eben eine Parfümwolke! Wie kann man so herumlaufen?" – „Stell dir vor, jetzt hat er sogar auch noch einen Ring im Ohr, das ist ja nicht zu fassen!"

Es sind lauter kleine Gerichtsverhandlungen, die zu solchen Urteilen führen. Diese Verhandlungen sind nicht öffentlich, sie finden im Inneren eines Menschen statt. Das ist bei manchen wie eine Manie – zu allem eine Meinung haben zu müssen, alles bewerten und beurteilen zu müssen, ständig Punkte verteilen oder Zeugnisse ausstellen zu müssen. Und auch, wenn sie es nicht gleich merken: Diese

Verhandlungen sind furchtbar anstrengend! Sie kosten unnötige Kraft, die bei anderer Gelegenheit fehlt.

Doch wie kann man aus dieser Falle herauskommen? Vielleicht hilft Ihnen folgender Weg. Sie sagen sich in Zukunft: Alles ist so, wie es ist. Die Welt ist bunt und interessant! Die Menschen sind höchst unterschiedlich – was für ein Reichtum! Und schon ändert sich Ihre Sichtweise: „Aha, die Nachbarn arbeiten am liebsten sonntags im Garten. Erstaunlich, mit welchem Tempo der Radfahrer fährt! Toll, wie viel Geduld der Mann mit seiner Frau hat! Was für eine interessante Farbe! Und was für ein Parfüm, ganz anders als meine Sorte!"

Irgendwann urteilen Sie nicht mehr und hören auf, sich zu ärgern. Sie staunen, Sie genießen, Sie schütteln auch mal den Kopf – was für eine interessante, schöne, verrückte Welt, in der ich leben darf!

3 Eine große Welt

Wie groß ist Ihre Welt? Ist dort nur für Sie Platz und vielleicht für den engeren Familienkreis, aber nicht für andere Menschen? Sind Sie offen für die Welt „draußen", oder sind Sie sozusagen in sich selbst gefangen? Gibt es in Ihrer Welt Raum für die Erde und den Himmel? Hoffentlich, denn je kleiner Ihre Welt ist und je mehr Sie nur sich selbst sehen – Ihre persönlichen Sorgen, Ihre eigenen Pläne, Ihren Vorteil, Ihre Ängste –, umso größer ist der Druck, der auf Ihnen lastet. Egoismus und Enge machen krank. Das Leben wird immer anstrengender, der Stress immer größer.

Gelassenheit ist auf Dauer nur möglich, wenn es außer Ihnen noch vieles andere in „Ihrer" Welt gibt. Leichtigkeit kann entstehen, wenn Sie sich darüber freuen, dass Ihre Welt langsam größer wird.

Das Gegenteil von Egoismus ist Liebe. Das Gegenteil von Enge ist Weite. Wenn Sie sich also Gutes tun wollen, dann öffnen Sie sich für die Liebe. Nur so können Ihre Welt und Ihr Herz weit werden. Es tut Ihnen gut, Ihre Mitmenschen mit den Augen der Liebe zu betrachten und befreit auf sie zuzugehen. Und je mehr Sie lieben, umso lebendiger sind Sie.

Wenn Ihre persönliche Welt noch sehr klein ist und Sie sich vor allem um sich selbst drehen, hilft Ihnen möglicherweise der Versuch, die Welt mit den Augen Gottes zu sehen. Natürlich wissen Sie, dass das nicht geht. Aber versuchen Sie es trotzdem. Stellen Sie sich vor, wie Gott alle Menschen geschaffen hat, voller Liebe und Begeisterung, dazu den Himmel und die Erde, Berge, Tiere, Bäume und vieles mehr. In diese großartige Schöpfung hat er Sie hineingestellt, damit Sie dort leben. Es gibt so vieles zu entdecken, und Sie können wirklich interessante Menschen kennenlernen.
Dieser Versuch reicht vielleicht schon aus, dass Sie zu lachen beginnen – über Ihre Enge, Ihre Sorgen und den Rückzug in Ihre kleine Welt. Und Lachen über sich selbst ist oft der erste Schritt zu einem neuen Anfang.

4 Nicht alles „richtig“ machen

Sie wollen niemanden enttäuschen? Sie wollen Ihre Aufgaben pünktlich erledigen, obwohl es viel zu viel ist, was Sie sich haben aufladen lassen? Sie wollen tun, was sich gehört, stets einen guten Eindruck erwecken und niemals dumm auffallen? Sie wollen nicht für faul oder unfähig gehalten werden, sondern alles richtig machen und mit Ihren Leistungen glänzen? Sie wollen von allen Menschen geachtet werden?

Manche halten das für ideale Voraussetzungen, um es im Leben zu etwas zu bringen. Andere haben erkannt, dass ganz besonders diejenigen so „ticken“, denen man immer noch mehr aufladen und leicht ein schlechtes Gewissen machen kann.

Sie mögen nicht Nein sagen? Und wenn Sie sich trotzdem einmal vorgenommen haben, eine Anfrage abzulehnen, lassen Sie sich am Ende doch überreden. Denn Sätze wie: „Wir brauchen dich doch!“, schmeicheln Ihnen. Sie fühlen sich akzeptiert und geliebt. Geht Ihnen das so bei der Arbeit, in der Gemeinde, im Freundeskreis?

Sie wissen selbst, wie sehr Sie sich mit Ihrer Lebensweise unter Druck setzen. Sie machen sich das Leben so schwer, dass Sie schon lange an vielem die Lust und Freude verloren haben. Was Ihnen fehlt? Leichtigkeit und Spontaneität, Lockerheit, ein gesundes Selbstwertgefühl und ganz viel Abenteuerlust. Doch die vertragen sich nicht damit, stets allen alles recht machen zu wollen und auch vor sich selbst keine Schwäche zulassen zu können.

Vielleicht fassen Sie schon bald einen wichtigen Entschluss und verabschieden sich von Ihrer eingefahrenen, einseitigen Lebensweise. Vielleicht feiern Sie Ihre persönliche Revolution und sind bereit, sich selbst und Ihre Mitmenschen häufiger einmal zu überraschen: Sie sagen Nein und lassen den Abwasch „Abwasch" sein. Sie hören auf, sich über jeden Fehler zu ärgern. Sie lassen alles stehen und liegen und machen etwas, was Sie immer schon einmal machen wollten. Und viel seltener als früher werden Sie fragen, was sich gehört und was „man" tut. Sehen Sie schon die entsetzten Gesichter von denen, die Ihnen jetzt nichts mehr aufladen können?

5 Ausgeschlafen sein

„Schlaf ist verlorene Zeit." Das könnte als Leitwort über dem Leben vieler gestresster Menschen stehen. Sie haben so viel zu tun, sie sind so gefragt, sie sind unersetzlich – da wäre ein normaler Feierabend reine Verschwendung!

Wie oft sind sie mir schon begegnet! Besonders Männer tragen gern das unsichtbare Höchstens-fünf-Stunden-Schild vor sich her. Wer mehr Schlaf braucht, wird von ihnen mitleidig belächelt. Und wer gar ab und zu einen Mittagsschlaf einlegt, ist für sie der geborene Verlierer. Doch das Zittern ihrer Hand oder das Zucken um die Augen spricht Bände. Zu wenig Schlaf fordert einen hohen Preis. Einen zu hohen Preis!

Manche dieser viel beschäftigten, „wichtigen" Leute erkennen irgendwann, wie notwendig es ist, genug zu schlafen. So legen sie sich schon um 23 Uhr ins Bett und nicht wie früher erst lange nach Mitternacht. Doch obwohl sie todmüde sind, können sie nicht einschlafen. Ihr Kopf kommt nicht zur Ruhe. Noch lange wälzen sie sich im Bett hin und her. Hoffentlich ist ihre Reaktion darauf nicht: „Ich brauche eben doch nur fünf Stunden!"

Dabei ist es kein Wunder, dass sie nicht einschlafen. Den ganzen Abend haben sie gearbeitet, geplant, sich informiert, das Essen heruntergeschlungen, schnell noch die Nachrichten im Fernsehen angeschaut und drei Anfragen beantwortet. Und im Bett versuchen sie noch, eine Lösung für die Präsentation am Freitag zu finden.
Guter Rat ist teuer, so stellen sie sich die Lösung vor. Sie lassen sich coachen, beraten, therapieren – damit sie endlich wieder gut schlafen können. Dabei sind die meisten hilfreichen Ratschläge längst bekannt: Wenn Sie abends noch etwas essen, achten Sie darauf, dass es Ihnen nicht schwer im Magen liegt. Ein leichtes Essen, für das Sie sich Zeit nehmen. Sie kommen zur Ruhe. Vielleicht hören Sie noch etwas Musik, machen einen kleinen Spaziergang, denken zurück an den Tag, sprechen ein Gebet und fragen sich, wofür Sie heute dankbar sein können. Und noch etwas: Arbeit, Probleme und Konflikte bleiben draußen vor der Schlafzimmertür. Zu einfach?

6 Abstand gewinnen

Sicher kennen und fürchten Sie Zeiten wie diese: Sie sind so sehr in Ihren Problemen gefangen, dass Sie längst keinen Ausweg mehr sehen. Sie sind seit Tagen oder Wochen in eine schreckliche Auseinandersetzung verstrickt und können nicht mehr klar denken. Sie haben sich schon so lange mit einer wichtigen Aufgabe befasst, dass Sie gar nicht mehr daran glauben, sie jemals lösen oder erledigen zu können. Schrecklich! Sie denken an nichts anderes mehr! Sie wenden Ihre ganze Kraft auf und haben den Eindruck, trotzdem nichts zu bewegen. Sie können nicht mehr abschalten. Sie stecken in einer Sackgasse. Sie sind fix und fertig.

So geht es nicht weiter, das sieht jeder. Es muss etwas geschehen. Sie brauchen jetzt dringend Abstand, innerlich und äußerlich. Sie brauchen Abstand, um einen anderen, frischen Blickwinkel zu gewinnen, um Vorurteile ablegen zu können oder einen Ausweg zu finden. Sie brauchen Tapetenwechsel.

Wo Sie den nötigen Abstand finden? Ihnen wird bestimmt etwas einfallen: Vielleicht sollten Sie sich ein paar Tage Urlaub am Meer gönnen, einen Einkaufsbummel in Ihrem Lieblingsstadtteil oder ein fest-

liches Essen beim Italiener, ein paar Stunden „Knochenarbeit“ im Garten, einen Besuch bei Freunden, eine lange Wanderung oder einen lustigen Film. Vielleicht schenken Sie sich ein paar Tage Wellness im Hotel, ziehen sich für einige Zeit ins Kloster zurück oder tun einfach einmal gar nichts (das ist allerdings die schwerste Übung!). Und vielleicht nehmen Sie auf Ihrem Ausflug ein Kärtchen mit einem Psalmspruch mit, den Sie unterwegs von allen Seiten betrachten, und bedenken, zum Beispiel: „Herr, deine Güte reicht bis zum Himmel, und deine Wahrheit über die Wolken hinaus“ (Psalm 36,6).
Es ist schon erstaunlich, wie so ein Abstand Ihre Situation verändert. Ihre Anspannung ist wie weggeblasen, was schwer war, ist plötzlich kinderleicht, und die Sackgasse entpuppt sich als „Markt der vielen Möglichkeiten“.

7 Zu den Fehlern stehen

Angst ist wahrlich kein guter Wegbegleiter. Wenn Sie Angst haben, einen Fehler zu machen, dann ist die Wahrscheinlichkeit groß, dass es tatsächlich so kommt. Die Angst hindert Sie daran, die gestellte Aufgabe mit klarem Kopf zu lösen. Angst drückt nieder und macht klein. Angst macht das Leben schwer. Ihre frühere Leichtigkeit ist längst verschwunden.

Manche ängstlichen Menschen haben für sich eine interessante Strategie entwickelt. So sagte mir einmal jemand: „Ich brauche keine Angst vor einem Fehler zu haben. Schließlich kann ich es ja immer noch einmal versuchen. Die Hauptsache ist doch, dass die anderen meine Fehler nicht bemerken!" Was ist da passiert? Da wurde die Angst, etwas falsch zu machen, noch gesteigert. „Wehe, wenn es bekannt wird! Wehe, wenn ich mich blamiere!" Die Folge ist, dass ein unwürdiges, nie endendes Versteckspiel beginnt.

Dabei hat sich doch nicht nur in der großen Politik, sondern auch im normalen Alltag längst herausgestellt, dass eher jene Menschen geachtet werden, die zu ihren Fehlern stehen, als solche, die immer nur alles „richtig“ machen und dabei leugnen und vertuschen oder die Fehler auf andere schieben. Dass niemand ohne Fehler ist, ist inzwischen Allgemeingut. Blamieren tut sich nur derjenige, der unter dem Druck der Tatsachen nach und nach zugeben muss, dass er Fehler gemacht hat. Und dann ist wirklich alles zu spät. Dann gibt es meistens auch keine zweite Chance mehr.

Je mehr Angst jemand hat, je geringer sein Selbstwertgefühl ist, je weniger er über sich selbst lachen kann, je mehr er so tut „als ob“, umso häufiger wird er sich blamieren. Da gibt es nur einen Ausweg: Stehen Sie zu Ihren Fehlern! Hören Sie auf mit dem Versteckspiel! Ja, heißen Sie Ihre Fehler willkommen, weil Sie jetzt eine gute Gelegenheit haben, etwas dazuzulernen und sich weiterzuentwickeln! Werden Sie ein fröhlicher *Fehlermacher*. Die Gelassenheit kommt dann von selbst.

8 Richtig auswählen

Niemand weiß, wie viel Zeit ihm hier auf der Erde vom Schöpfer geschenkt wird. Nur eines weiß er sicher: dass sie begrenzt ist. Irgendwann muss jeder Abschied nehmen. Doch zum Glück kann jeder entscheiden, wie er die Zeit nutzt, die er bis dahin zur Verfügung hat.

Zuerst die schlechte Nachricht: Es gibt unzählige Möglichkeiten, seine Lebenszeit zu verschwenden. Da sitzen Menschen stundenlang vor dem Fernseher und lassen sich berieseln. Sie zappen von einer banalen Sendung zur nächsten. Oder sie sitzen viel zu lange vor dem Computer, um zu spielen oder unnötige Informationen zu sammeln. Hinterher sind sie auf eine sonderbare Weise leer und mit sich und ihrem Tag unzufrieden.

Da hört sich jemand zum wiederholten Mal von seinem Nachbarn die langweilige Lebensgeschichte an, die hauptsächlich aus Jammern und Klagen besteht und aus dem Vorwurf, wie ungerecht das Leben oder das Schicksal oder Gott ist. Hinterher fühlen sich beide ausgelaugt und bedrückt.

Jetzt kommt die gute Nachricht: Niemand muss sich mit Gedanken und Informationen vollstopfen, die ihn nicht interessieren und die er sofort wieder vergisst. Niemand muss sich mit Dingen beschäftigen, die ihm nicht guttun, die ihn nicht begeistern und die ihn in seinem Leben keinen Schritt weiterbringen. Niemand muss die Zeit totschlagen und sich anschließend auch noch selbst bemitleiden. Niemand muss auf das *Abenteuer Leben* verzichten und stattdessen bequem und langweilig werden.

Wer sich Gutes tun will, wählt aus. Er findet heraus, was seine Themen sind. Er lernt, die richtigen Fragen zu stellen. Er versucht, mehr in die Tiefe zu dringen, statt immer nur an der Oberfläche zu bleiben. Er hört auf, anderen Menschen zu gestatten, ihn mit ihren Vorurteilen und *Lebensweisheiten* zu behelligen.

Wer sich Gutes tun will, sucht nach der Liebe und dem Glück. Er fragt nach dem Glauben, der Liebe und der Hoffnung. Und er stellt immer wieder fest, was für ein kostbares Geschenk das Leben ist.

9 Keine Sorgen mehr

„Jetzt hör aber endlich auf, dir ständig Sorgen zu machen!", diesen Ratschlag von wohlmeinenden Freunden hat wohl jeder schon einmal gehört, wenn die eigenen Gedanken ständig darum kreisen, was morgen oder übermorgen oder irgendwann einmal passieren könnte. „Quält euch nicht mit Sorgen über das, was kommen wird!" (Matthäus 6,34), so hat Jesus es den Menschen mit auf den Weg gegeben.

Es ist eine niederdrückende Erfahrung: Durch Sorgen wird das Leben düster und schrecklich anstrengend. Und auch dann, wenn das Leben tatsächlich nicht immer leicht, sondern sehr schwer ist – unnötig schwer sollten Sie es sich auf keinen Fall machen.

Was läuft da eigentlich ab, wenn Sie sich Sorgen machen? Ihre Gedanken drehen sich permanent im Kreis. Sie malen sich in schrecklichen Bildern aus, was alles in der Zukunft Schlimmes passieren könnte. Ihr Blick wird einseitig: Sie sehen nur Probleme und Gefahren. Sie sind in Ihren eigenen Zukunftsängsten gefangen.

Das heißt nicht, dass Sie sich keine Gedanken über die Zukunft machen sollten. Vieles im Leben müssen Sie rechtzeitig planen. Doch Planen ist etwas völlig anderes als Sorgen. Da überlegen Sie genau, wie Sie sich optimal auf eine bestimmte Sache vorbereiten können. Sie tun Ihr Bestes, damit alles so klappt, wie Sie es sich wünschen und erhoffen. Und dann?

Dann stehen Sie vor der Tür zu dem Raum, in dem gleich die entscheidende Prüfung stattfindet. Oder Sie beginnen Ihre aufregende Urlaubsfahrt. Oder Sie warten im Krankenhaus auf Ihre Operation. Oder Sie stecken Ihre Bewerbung in den Briefkasten. Oder Sie fahren Ihre Tochter in die Nachbarstadt, wo sie ihre erste eigene Wohnung beziehen wird. Mit Sorgen können Sie jetzt nichts mehr ändern, im Gegenteil!

Was Ihnen noch zu tun bleibt? Vielleicht ein aufmunternder Blick, ein vertrauensvolles Gebet, einmal tief durchatmen – jetzt kommt es, wie es kommen soll. Sie wissen, dass Sie Ihr Bestes gegeben haben.

10 Sich dem Leben stellen

Immer mehr Menschen geraten aus dem Rhythmus, weil sie das Leben meiden und vor ihm flüchten. Sie „leben" noch, aber sie sind nicht mehr lebendig. Und je länger sie ihre Zeit einseitig, erstarrt und blutleer verbringen, umso unzufriedener und niedergeschlagener werden sie. Doch nur in den seltensten Fällen werden sie wissen, warum sie so unzufrieden sind.

Vor dem Leben davonzulaufen, das kann auf sehr unterschiedliche Weise geschehen. Der Fantasie sind da keine Grenzen gesetzt. Hier ist eine kleine, nicht ganz ernst gemeinte *Anleitung für notorische Lebensverneiner*:

Hören Sie auf, sich zu bewegen – innerlich und äußerlich. Machen Sie es sich bei allem so bequem wie möglich. Dann werden Sie schon bald erleben, wie Sie langsam erstarren und gewissermaßen nur noch auf Sparflamme leben.

Beginnen Sie umgehend mit der Vermeidung jeder körperlichen Bewegung. Besonders hilfreich dabei ist ein Schreibtisch mit einem bequemen Stuhl. Verbringen Sie dort mindestens acht Stunden täglich in möglichst immer der gleichen gebückten Haltung.

Anschließend fahren Sie mit dem Auto, das Sie so dicht wie möglich an Ihrem Büro geparkt haben, nach Hause. Dort können Sie sich vor dem Fernseher *ausruhen*, schließlich haben Sie es sich verdient. Hinterher sind es zum Glück nur wenige Schritte zum Bett. Dort wälzen Sie sich sicherlich noch längere Zeit schlaflos hin und her. Aber keine Angst, das soll Ihr einziger Sport bleiben.
Auch geistige und seelische Bewegung sollten Sie in Zukunft unbedingt vermeiden. Schwärmen Sie lieber von der *guten alten Zeit*, als sich mit der Gegenwart auseinanderzusetzen. Lassen Sie sich auf keinen Fall auf etwas Neues ein, das würde Ihr Leben völlig durcheinanderbringen. Bleiben Sie, wie Sie sind, dann können Sie nichts falsch machen. Verschließen Sie die Augen vor Ihren Problemen, damit sie sich damit nicht auseinandersetzen müssen. Vor allem aber vermeiden Sie alles, was anstrengend oder gefährlich werden könnte. Schließlich brauchen Sie viel Ruhe.

11 Niemand muss müssen

Schon Kinder bekommen zu spüren, dass ihr Lebensweg mit lauter Pflichten gepflastert ist. Sie hören Sätze wie: „Du musst immer schön artig sein. Du musst Danke sagen, wenn die Tante dir etwas schenkt. Du musst den Spinat essen. Du musst dir die Zähne putzen. Du musst dein Zimmer aufräumen."

Für manchen ist damit klar, dass das ganze Leben ein einziges, großes Muss ist, denn die Aufforderungen hören scheinbar nicht auf: „Du musst deinen Eltern und Lehrern gehorchen. Du musst fleißig sein. Du musst auf den Verkehr achten, wenn du über die Straße gehst. Du musst dich durchsetzen, wenn du im Leben etwas erreichen willst. Du musst die Zeit nutzen und nicht faul herumsitzen. Du musst deine Finanzen im Griff haben. Du musst zeigen, dass du dir nicht alles gefallen lässt."

Später kann die Liste dann beliebig erweitert werden: „Du musst gut verdienen, wenn du das Leben genießen willst. Du musst tun, was du dir einmal vorgenommen hast. Du musst optimistisch in die Zukunft blicken." Manche treiben es schließlich sogar auf die Spitze: „Du musst siegen und gewinnen.

Du musst überall dabei sein, wo etwas los ist. Du musst in alle Länder reisen. Du musst alles wissen. Du musst fit sein und dein Idealgewicht halten. Du musst immer glücklich und zufrieden sein."

Diesen Druck kann auf Dauer niemand aushalten, ohne dabei körperlich und psychisch Schaden zu nehmen. Einige Christen erhöhen den Druck noch weiter: „Du musst tapfer deinen Glauben bekennen. Du musst dich der Gnade Gottes würdig erweisen. Du musst im Glauben wachsen. Du musst bescheiden sein und darfst dich nicht wehren, wenn dir jemand etwas Böses antut." Dabei geht es Jesus in seiner *Frohen Botschaft* doch darum, Menschen von Druck und Angst zu befreien! „Wenn euch der Sohn frei macht, dann seid ihr tatsächlich frei" (Johannes 8,36).

So muss mancher gedrückte Mensch mühsam lernen, das Wort *muss* aus seinem Sprachschatz zu verbannen. Er wird sagen: „Ich darf, ich möchte, ich freue mich auf etwas." Und vielleicht fühlt er endlich die Freiheit und Leichtigkeit, nach der er sich so lange gesehnt hat.

12 Selbstbewusst und bescheiden

Sich für etwas Besseres oder gar für den Mittelpunkt der Welt zu halten, ist nicht nur ungesund – es ist auf Dauer auch höchst anstrengend. Die Zeitungen und das Internet sind voll von Berichten über Stars und Sternchen, Politiker und Spitzenmanager, die in einer Parallelwelt zu leben scheinen und unter einem schrecklichen, selbst gewählten Druck leben.

„Sie überschätzen sich maßlos, stellen völlig überzogene Forderungen und Ansprüche und haben jede Bodenhaftung verloren", so wird lustvoll pharisäerhaft berichtet. Und tatsächlich kann der Umgang mit Macht, Öffentlichkeit, Erfolg und Geld für den Charakter äußerst gefährlich sein. Das gilt nicht nur für sogenannte 1a-Prominente, sondern auch für alle anderen, die es zu ein wenig Einfluss oder Erfolg gebracht haben.

Zum Glück gibt es immer wieder auch höchst erfolgreiche Menschen, die diesem Bild überhaupt nicht entsprechen. Viele sind sogar erstaunlich schlicht und bescheiden geblieben und erwarten keine Sonderbehandlung. Sie müssen sich und anderen nichts mehr beweisen. Sie ruhen in sich selbst. Zugleich sind sie dankbar für das, was sie erreicht haben, und nehmen nichts als selbstverständlich hin.

Ich habe häufig erlebt, dass sich solche *Erfolgsmenschen* in den Dienst einer guten Sache stellen, ohne dabei selbst im Mittelpunkt stehen zu müssen. Etliche von ihnen sind mir bei der Tafel und im Kinderhospiz begegnet, bei der Obdachlosenfeier und dem Kinderfest. Auch die einfachsten Mitmenschen werden von ihnen mit großem Respekt behandelt. Es ist immer wieder aufregend, zu erleben, wie sie sich mit großer Bescheidenheit für benachteiligte Kinder engagieren, für Opfer von Verbrechen, für Kranke und Hilflose. Sie haben keine Berührungsängste und halten sich nicht für etwas Besseres.

Selbstbewusst und bescheiden, erfolgreich und liebevoll – das ist eine gesunde Balance, die hilft, sich selbst nicht zu überschätzen, nicht für den Mittelpunkt der Welt zu halten und neue Freiheit und Leichtigkeit zu gewinnen.

13 Oben und unten

Vor einigen Jahren nahm der Schmerz in meinen Schultern und meinem Rücken, den ich schon länger gespürt hatte, erbarmungslos zu. Ich musste dringend etwas unternehmen. Also ging ich zur Massage. „Sie sind ja völlig verspannt!“, bemerkte die erfahrene Masseurin schon nach wenigen Augenblicken und einigen geschickten Handgriffen. „Sie sitzen sicher viel am Schreibtisch und vor dem Computer.“ Nach dieser Begebenheit machte ich mich auf die Suche nach einer passenden Sportart. Ich war endlich bereit, mich wieder mehr zu bewegen. Schon bald entdeckte ich das Trampolin. Nein, nicht so ein riesiges Gerät, um Saltos zu springen. Ich entdeckte ein Minitrampolin mit 1,25 m Durchmesser zum „sportlichen Schwingen“, nicht zur Akrobatik. Das konnte ich bequem bei uns in der Wohnung aufstellen und jederzeit benutzen, morgens nach dem Aufstehen und vor allem auch in den Pausen zwischen der Arbeit am Schreibtisch. Mein Trampolin hat keine Metallfedern wie die einfachen Kaufhausgeräte, sondern eine Gummiseil-Federung, bei der die Abbremsphase länger dauert und die Muskelzellen sich somit langsamer zusammenziehen.

So ging ich täglich auf mein Trampolin, und schon bald konnte ich mir nicht mehr vorstellen, auf das regelmäßige Schwingen, das Auf und Ab auf diesem Gerät zu verzichten. Der eigene Rhythmus stellt sich bereits nach wenigen Augenblicken ein, auf, ab, auf, ab. In diesem Rhythmus werden alle meine Muskeln entspannt und im nächsten Augenblick angespannt, entspannt und angespannt.

Inzwischen ist die Zeit auf dem Trampolin für mich fast so etwas wie Meditation: Ich konzentriere mich völlig auf meinen Rhythmus des Auf und Ab. Ich schwinge und befinde mich im *Rhythmus des Lebens*. Das Trampolin wurde für mich zum Sinnbild des Lebens. Ihm habe ich viele Gedanken in diesem Buch zu verdanken.

Und zusätzlich durfte ich die wunderbare Erfahrung machen, dass meine Schmerzen in den Schultern und im Rücken schon nach wenigen Wochen verschwunden waren und bis heute nicht zurückgekehrt sind.

14 Von den Kindern lernen

Vielleicht geht es Ihnen wie mir: Ich schaue gern zu, wenn kleine Kinder spielen und die Welt um sich herum entdecken. Mit etwas Wehmut sehe ich, wie sie frei und unbeschwert herumtollen, wie sie interessiert und neugierig sind, immer wieder staunen können und sich schnell von etwas begeistern lassen.

Mir ist deutlich, dass ich einiges von ihnen lernen kann und wahrscheinlich auch lernen muss. Denn manches hat sich in mein Leben eingeschlichen, was die Freude und Leichtigkeit gleich wieder erstickt oder gar nicht erst aufkommen lässt: Besserwisserei, Überdruss, Trägheit, Vorbehalte, Gleichgültigkeit und natürlich meine vielen Sorgen.

Kleine Kinder können staunen und begeistert sein über eine bunt schillernde Libelle und einen interessant geformten Stein, über einen prächtigen Regenbogen und einen alten hohlen Baum, über einen plötzlichen Windstoß und ein vorwitziges Eichhörnchen. Kinder können die Welt um sich herum täglich neu entdecken. Sie sind nicht belastet mit den zahllosen Vorbehalten und Vorurteilen, Problemen und Sorgen der Erwachsenen. Und je intensiver Kinder ihre Umgebung *erforschen* und entdecken, umso mehr Geheimnisse tun sich ihnen auf. Sie sind noch auf faszinierende Weise neugierig und in Bewegung. Dabei können sie selbst über einfache, kleine Dinge staunen und sich freuen.

Wann haben Sie sich zum letzten Mal anstecken lassen von der Neugier und Beweglichkeit der Kinder, von ihrer Begeisterung und ihrem Lachen, ihrer Freude und Ehrlichkeit? Wann haben Sie von den Jüngsten etwas lernen können? Versuchen Sie es – und Sie werden Neues entdecken, obwohl Sie bereits so viel schon gesehen und kennengelernt haben. Sie werden staunen über neue Wunder und Erfahrungen, über unbekannte Ansichten und unerwartete Begegnungen. Sie werden entdecken, wie leicht das Leben wieder sein kann.

Vielleicht sagen Sie dann: „Kinder sind eine Gabe des Herrn, ein kostbares Geschenk" (Psalm 127,3). Sie lernen von mir, und ich lerne von ihnen.

15 Dem Glück nicht nachjagen

Es gibt erstaunlich viele Möglichkeiten, das eigene Leben kompliziert und unnötig anstrengend zu machen. Manche davon haben Sie vielleicht auch schon ausprobiert. Ich denke da zum Beispiel an den Versuch, ein Leben ohne Gott und ohne Maß zu führen. Oder an den ständigen Druck, alles richtig machen zu wollen. Oder an die Angst, etwas zu verlieren – einen Menschen, den Wohlstand, die Gesundheit. Und besonders häufig ist in unserer Zeit der Versuch anzutreffen, immer und um jeden Preis glücklich zu sein.

Die Werbung verspricht es Ihnen schließlich jeden Tag neu. Bunte Magazine laden Sie dazu ein. Der Zeitgeist säuselt es Ihnen unaufhörlich ins Ohr: Moderne Menschen sind erfolgreich und glücklich. Das Glück ist endlich machbar. Sie müssen nur die richtigen Dinge kaufen. Sie müssen nur den entsprechenden Anleitungen in dem Buch *Wege zum Glück* folgen und die angesagten Kurse besuchen. Sie müssen nur auf die richtigen Trends setzen.

Was haben Sie nicht schon alles versucht, um glücklich zu sein, oder? Und trotzdem mussten Sie Niederlagen einstecken, waren mit dem Leben unzufrieden und fühlten sich zu manchen Zeiten ziemlich unglücklich. Aber Sie haben weitergemacht auf der Suche nach dem Glück. Und wenn Sie meinten: „Jetzt habe ich es ganz sicher!", dann war es schon wieder verschwunden. Alle Arbeit am *großen Glück* hat nichts gebracht – außer Druck und Unzufriedenheit mit Ihrem Leben.

Das beste Mittel, der sinnlosen Jagd nach Glück zu entkommen, finden Sie hier: Glauben Sie nicht länger an das Märchen vom ständigen Glück. Lassen Sie sich nicht länger für *glücklich* verkaufen. Kein Glaube, keine Liebe, keine *Glücksregeln* werden Ihnen ein ständiges Hochgefühl vermitteln. Akzeptieren Sie es einfach, wenn Ihr Stimmungsbarometer nach unten geht. Sagen Sie Ja zu Ihren Enttäuschungen und Niederlagen. Bleiben Sie locker. Seien Sie zufrieden mit dem Glück, das Ihnen ab und zu begegnet. Mehr könnten Sie vielleicht gar nicht verkraften.

16 Zum Genießer werden

Wahre Genießer sind Menschen, die Freude am Leben haben. Sie lieben und genießen das Leben. Sie wissen es im wahrsten Sinne des Wortes zu schätzen. Sie sind auf wunderbare Weise locker und gelassen.

Wir verbinden das Wort Genießer normalerweise mit Essen und Trinken. Da gibt es eine regelrechte Genießerkultur, spezielle *Feinschmecker*-Magazine, mit Sternen ausgezeichnete Restaurants und anderes mehr. Aber die wahren Genießer haben viel mehr im Blick als nur Essen und Trinken, nämlich alle guten Gaben Gottes, das ganze bunte Leben. Sie genießen die Musik, die Kunst und die Literatur. Sie genießen einen Spaziergang und ein gutes Gespräch, die Arbeit, die Herausforderung und den Erfolg, den Urlaub und die Entspannung. Sie genießen es, eine schöne Blume zu betrachten oder eine kleine Muschel, den Sonnenaufgang oder die Wolken am Himmel. Sie können die Stille genießen und die Einsamkeit, aber auch die Hektik und den Trubel einer Metropole.

Die wahren Genießer sind im besten Sinne des Wortes Lebenskünstler, das heißt, sie beherrschen

die Kunst, wirklich und intensiv zu leben und sich des Lebens zu freuen. Genießer sind Menschen, die staunen können und sich immer wieder reich beschenkt fühlen. Sie sind offen für Neues und freuen sich über die Wunder der Schöpfung. Wir dürfen diese *Glückskinder* auf keinen Fall verwechseln mit denen, die angeblich schon alles wissen und kennen, die täglich Champagner und Kaviar brauchen, denen es keiner recht machen kann und die für die einfachen, kleinen Dinge nur noch ein müdes Lächeln übrig haben. Wir dürfen sie auch nicht verwechseln mit denen, die glauben, etwas Besonderes zu sein und es sich verdient zu haben, immer nur das Beste zu bekommen. Wahre Genießer sind immer auch dankbare Menschen, die auf ihre Art erstaunlich bescheiden sind.
Vielleicht spricht ihnen dieser Satz aus dem Herzen: „Für alles danke deinem Schöpfer, der dich mit so vielen guten Gaben erfreut“ (Sirach 32,13).

17 Genießen lernen

Genießen ist ein wunderbarer Weg zu Freude und Gelassenheit. Zum Glück ist es eine Kunst, die sich nach und nach erlernen lässt. Und vor allem ist es möglich, beim Lernen die Freude am Genuss immer weiter zu steigern.

Genießen bedeutet, vergleichen und unterscheiden zu lernen. Zuerst schmeckt jeder Wein gleich. Vielleicht fällt uns allenfalls auf, ob er süß oder sauer schmeckt. Aber mit der Zeit gelingt es uns, Rebsorten und Herkunftsgebiete zu *erschmecken*. Wir riechen und kosten, freuen uns über die Farbtöne und das Spiel des Lichts, wenn wir das Glas erheben, und schmecken verschiedene Nuancen und Aromen.

Wie schmeckt eigentlich Fenchel? Unser von industriellen Produkten verdorbener Geschmack muss das erst mühsam herausfinden. Wie schmecken Sellerie, Mangold oder eine Artischocke? Wie schmecken Steinpilze? Wie schmeckt Olivenöl, Distelöl, Walnussöl? Je mehr wir uns darauf einlassen, umso mehr verfeinert sich unser Geschmack. Schon bald können wir vieles genießen und uns daran erfreuen. Wir stellen fest, dass das eine Olivenöl völlig anders schmeckt als das andere. Und bereits beim

Zubereiten der Speisen genießen wir den wunderbaren Duft der Gewürze und Kräuter.

Werden Sie zum Genießer des Lebens! Sie wollen sich an der Musik erfreuen? Dazu gehört irgendwann vielleicht auch, dass Sie die verschiedenen Musikstile unterscheiden können. Sie lernen die einzelnen Instrumente kennen, damit Sie das Zusammenspiel, die Symphonie, noch besser genießen können. Sie beschäftigen sich mit bildender Kunst, lassen eine moderne Plastik auf sich wirken und schauen sich die Ausstellung alter Meister an. Sie beschäftigen sich mit anderen Kulturen und Sprachen. Sie lernen, die Bäume in unseren Wäldern zu unterscheiden und verwechseln nicht länger die Esche mit der Erle.

Und Sie lernen, das alles zu genießen und sich darüber zu freuen. Sie lassen sich vom Leben und von Gottes guten Gaben *verzaubern*. Sie schmecken und genießen das Leben, statt es herunterzuschlingen oder an sich vorbeirauschen zu lassen.

18 Gute Gesundheit

Es hat sich inzwischen bis in den letzten Winkel und zu dem bequemsten Sofa herumgesprochen, dass jeder etwas für seine Gesundheit tun muss. Schließlich nimmt die Lebensqualität ohne gute Gesundheit schnell ab. Das ist der Grund dafür, dass immer mehr Fitnesscenter auf den Markt drängen und mit Nahrungsergänzungsmitteln gigantische Umsätze gemacht werden.

Jeder muss selbst herausfinden, wie viel und welche Art von Sport und Bewegung ihm guttut. Nicht alle profitieren gleichermaßen von der schweißtreibenden Arbeit an den Geräten. Mancher fühlt sich wohler, wenn er regelmäßig wandert oder im Schwimmbad seine Bahnen zieht. Nicht allen tut es gut, wenn sie täglich eine Handvoll Vitaminpillen schlucken. Die Gefahr besteht, dass sie meinen, dafür auf eine ausgewogene, natürliche Ernährung verzichten zu können.

Für erstaunlich viele Menschen stellen Sport und gesunde Ernährung fast eine Art Religionsersatz dar. Sie bringen große Opfer für das eine Ziel, fit zu sein und einen sportlichen, attraktiven Körper zu bekommen. Sie übertreiben ihre Anstrengungen,

bis sie verkrampfen. Lebensqualität sieht in meinen Augen anders aus.
Schnell wird dabei vergessen, dass Gesundheit mehr ist als ein gestählter Körper. Gesundheit ist mehr als gute Blutwerte und das Fehlen von Krankheitssymptomen. Zur Gesundheit gehört es auch, dass ein Mensch sich in seiner Haut wohlfühlt, dass er liebevoll mit sich selbst und anderen umgeht, dass er lachen kann und Freude empfindet, dass er auch in schwierigen Situationen nicht die Hoffnung verliert, dass er eine sinnvolle Aufgabe hat und gebraucht wird, dass er Herausforderungen kennt und Geborgenheit empfindet. Ja, ich bin davon überzeugt, dass auch ein gesunder Glaube für das Wohlbefinden eines Menschen wichtig ist. Wie heißt es doch in der Bibel? „Ich wünsche dir, dass es dir in allem gut geht und du gesund bist wie auch deine Seele" (3. Johannesbrief 2).

19 Eine kleine Abwechslung

Wenn Ihnen alles zu viel wird und Sie den Eindruck haben, dass Ihr Leben nur noch aus Druck und Routine besteht, schlage ich Ihnen vor, sich eine kleine, wohltuende Abwechslung aus der folgenden Liste zu gönnen:

- Schauen Sie sich einen lustigen Film an.
- Setzen Sie sich abends draußen auf eine Bank und erleben Sie mit, wie es langsam dunkel wird.
- Lesen Sie ein Gedicht und lernen Sie es auswendig.
- Zünden Sie eine Kerze an und sprechen Sie dazu ein Gebet.
- Lassen Sie sich den Rücken massieren.
- Lächeln Sie einem fremden Menschen zu.
- Gehen Sie ganz langsam an einer Bäckerei vorbei und genießen Sie den Geruch von frisch gebackenem Brot.
- Laufen Sie barfuß durch das feuchte Gras.
- Stellen Sie sich unter einen Baum und schauen Sie dem Regen zu.
- Singen Sie ein fröhliches Lied.
- Setzen Sie sich für einige Minuten still in eine Kirche.

- Stehen Sie morgens etwas früher auf und hören Sie den Vögeln zu.
- Hüpfen Sie im Park auf einem Bein und lachen Sie über sich selbst.
- Steigen Sie auf dem Weg zur Arbeit eine Station früher aus und gehen Sie den Rest des Weges zu Fuß.
- Schauen Sie den Kindern zu, die völlig in ihr Spiel vertieft sind.
- Malen Sie ein Bild oder schreiben Sie ein Gedicht.
- Setzen Sie sich in ein Straßencafé und beobachten Sie die vorbeieilenden Menschen.
- Steigen Sie auf einen Turm und schauen Sie sich die Umgebung aus der Vogelperspektive an.
- Schenken Sie sich selbst einen bunten Blumenstrauß.

20 Sich über ein Ergebnis freuen

Die Bibel beginnt im Alten Testament mit der Aussage, dass Gott die Welt und alle Lebewesen erschaffen hat. Sechs Tage nahm er sich dafür Zeit, so heißt es. Dabei wird nicht erklärt, ob es sich um menschliche Tage oder um göttliche Tage handelt – Tage, die ihre eigene Zeitrechnung haben. Nach dem sechsten Tag, so heißt es weiter, sah Gott alles an, was er erschaffen hatte. Und? Es war sehr gut. Er war mit dem Ergebnis äußerst zufrieden.

Da nahm Gott einen freien Tag, den siebten. Er erfand die Freizeit. Wofür er sie brauchte? Wohl kaum zum Ausruhen, wie wir es verstehen. Gott ruhte, er machte es sich gemütlich – und wurde zum Genießer, zum Ästheten. Er sah sein Werk an und freute sich darüber.

Auch das kann also Freizeit bedeuten: Sie dürfen sich über Ihre Arbeit freuen. Sie dürfen dankbar sein für alles, was Sie erschaffen und erarbeitet haben. Sie dürfen sagen: „Schön, dass ich in der Lage war, alles so zu erledigen, dass ich mit dem Ergebnis zufrieden bin." Nein, Sie müssen jetzt nicht sofort an die nächsten Aufgaben denken, an den nächsten Auftrag oder das nächste Problem.

Sie dürfen das Leben genießen, den wunderbaren Ausblick auf den Garten oder die Berge, die Sonne und den Wind, die Zärtlichkeit, das Essen und Trinken, die gute Gemeinschaft. Sie dürfen sich freuen über alles Lebendige, über die Natur, aber auch über Menschen, die nach einer schweren Enttäuschung oder tiefen Depression wieder aufleben, und über Verzweifelte, die endlich neue Hoffnung schöpfen. Sie dürfen sich freuen über Ihre eigenen guten Erfahrungen und die Ihrer Mitmenschen.

Sie dürfen betrachten, ohne dabei etwas leisten und ohne irgendwelche Ergebnisse vorweisen zu müssen. Sie dürfen ohne ein Ziel, ohne einen Plan träumen und nachdenken, meditieren und beten, singen und tanzen, staunen und Atem holen. Sie dürfen einfach da sein, allein oder mit anderen. Sie dürfen sich am Leben freuen und damit dem Schöpfer des Lebens ganz nahe sein.

21 Die innere Stimme hören

Vielleicht geht es Ihnen wie vielen anderen, die nicht merken, was ihnen fehlt und was ihnen guttun würde: Ihre Seele will zu Ihnen reden. Nein, sie redet schon zu Ihnen. Doch meistens hören Sie sie nicht. Sie nehmen sie nicht wahr. Schließlich haben Sie viel zu tun und lauter wichtige Dinge zu erledigen. Und Sie haben große Angst vor dem, was da alles auf Sie zukommen könnte, auch wenn Sie sich diese Angst selbstverständlich nicht eingestehen.

Ihre Seele spricht sehr leise. Sie mag es überhaupt nicht, laut zu schreien und sich in den Vordergrund zu drängen. Sie liebt keine plakativen Botschaften.

Wie aber sollen Sie Ihre Seele hören, wenn sie leise und bedächtig zu Ihnen spricht? Um Sie herum ist es ständig laut, und wenn Sie nach Hause in die leere Wohnung kommen, legen Sie gleich eine CD ein oder schalten das Radio an. Und selbst, wenn es um Sie herum einmal still ist, lärmt es in Ihnen noch lange weiter.

Gibt es denn keine Gelegenheit, bei der Sie die vielen Gedanken und Geräusche zur Ruhe kommen lassen? Es gibt sie, und zwar täglich! Oder besser gesagt nächtlich, immer dann, wenn Sie schlafen. Diese

Zeit nutzt Ihre Seele und schickt Ihnen in Träumen lauter Bilder und Botschaften. Und vielleicht tut Ihnen allein das schon gut, weil die Träume Heilung bewirken und Sie wenigstens auf diese Weise Kontakt zu Ihrer Seele haben.
Doch die nächtlichen Botschaften sind entweder am nächsten Morgen schon vergessen, oder Sie gehen mit einer abwinkenden Handbewegung darüber hinweg. Dabei wollte die Seele Sie doch an die bisher ungelebten Möglichkeiten erinnern, an die Liebe vielleicht oder die Zuversicht, an die tiefe Freude oder den Glauben, an die Freiheit, die Gelassenheit oder den Mut. Vielleicht wollte sie Ihnen auch deutlich machen, wo Sie vor dem Leben davonlaufen und deshalb aus dem Rhythmus geraten sind. Auf jeden Fall wollte sie Ihnen einiges mitteilen, worüber Ihnen Ihr Verstand nichts sagen will oder sagen kann.

22 Den Ausweg wählen

Sie kennen das: Ein Mensch ist völlig verkrampft und verzweifelt, weil ihn ein Problem quält. Er kann über nichts anderes mehr reden, er träumt davon und droht, innerlich zu zerbrechen. Dabei hat er längst eine Ahnung davon, wie er das Problem bewältigen und wie er sich befreien könnte – aber er traut sich nicht, den entscheidenden Schritt zu gehen. Er hat *Angst vor dem Ausweg.*

Vielleicht haben Sie das auch schon selbst erlebt und erlitten: Der Beruf macht Sie krank, aber Sie trauen sich nicht, ihn zu wechseln. Eine Beziehung drückt Sie nieder, macht Sie klein oder depressiv, aber Sie trauen sich nicht, sie zu lösen. Die Zusammenarbeit im Beruf ist eine einzige Katastrophe, aber Sie haben Angst, das Problem offen anzusprechen. Sie spüren genau, dass sich in Ihrem Leben etwas ändern müsste, aber Sie fürchten die Konsequenzen. Allen Freunden und Bekannten schildern Sie immer wieder Ihre Situation – aber tun nichts dagegen. So verharren Sie in Ihrem Leid, drehen sich ständig im Kreis, halten an Ihren Problemen fest und kapitulieren vor der Angst, den Ausweg zu wählen.

Wenn Sie sich nicht völlig selbst aufgeben wollen, gibt es nur eine Möglichkeit: Trauen Sie sich, in solchen Krisensituationen den entscheidenden Anfang zu machen, den Schmerz der Veränderung auszuhalten und das Problem mutig anzugehen! Wahrscheinlich werden Sie danach schon bald feststellen, dass es der richtige Schritt war, der Schritt zur Befreiung. Und Sie fragen sich: „Warum habe ich das nicht schon viel früher gewagt? Dadurch hätte ich mir viel Leid und Schmerz ersparen können!"
Beim nächsten Mal wissen Sie es besser. Vielleicht werden Sie sich in Zukunft regelmäßig fragen: „Bei welchem Problem in meinem Leben ahne ich schon den Ausweg, aber traue mich noch nicht, ihn zu gehen?" Dann holen Sie einmal tief Luft, lächeln kurz, schicken ein Stoßgebet zum Himmel – und tun den ersten Schritt.
„Versäume nicht die Freude an diesem Tag und gehe nicht vorbei an deinem Glück" (Sirach 14,14).

23 Die richtige Sichtweise

Haben Sie das auch schon erlebt, dass Sie sich schlecht fühlen, obwohl eigentlich kein Grund dafür besteht? Dass Sie sich selbst unter Druck gesetzt haben, obwohl das gar nicht nötig war? Dass Sie ganz unten waren, ohne zu wissen, weshalb? Können Sie sich daran erinnern?

Ich kann einsam sein,
auch wenn viele Menschen bei mir sind.
Ich kann traurig sein,
auch wenn mein Gesicht lacht.
Ich kann verlieren,
auch wenn ich jemanden besiege.
Ich kann auf der Stelle treten,
auch wenn ich nicht zur Ruhe komme.
Ich kann bereits tot sein,
auch wenn ich noch lebe.

Ein anderes Mal fühlen Sie sich wunderbar, obwohl Sie den Bus verpasst haben. Sie sind glücklich, obwohl Sie den Hausschlüssel verloren haben. Woran das liegt? Vielleicht sind Sie verliebt, vielleicht ist Ihr Gottvertrauen größer als alles Negative. Vielleicht haben Sie sich an gute Tage erinnert. Vielleicht haben Sie über etwas lachen müssen. Vielleicht haben Sie sich von einer großen Last befreit.

Ich kann reich sein,
auch wenn ich nur wenig Geld habe.
Es kann in mir hell sein
auch in dunkler Nacht.
Ich kann Sonnenschein verbreiten,
auch wenn es regnet.
Ich kann glücklich sein,
auch wenn ich kein Glück habe.
Ich kann am Ziel sein,
auch wenn ich neu anfange.

24 Das Böse überwinden

Menschen können gedankenlos, egoistisch und grausam sein. Sie können gleichgültig zuschauen, wie jemand gehänselt oder geschlagen wird. Sie können selbst hänseln und schlagen. Sie können stehlen, verletzen, hintergehen, betrügen, erniedrigen, vernachlässigen, missbrauchen. Das geschieht jeden Tag unzählige Male, auch in unserer Umgebung.

Vor einigen Jahren wurde eine große Autobahnraststätte im Norden Bayerns völlig modernisiert. Die Sanitärräume erstrahlten in neuem Glanz – auch der freundliche, schöne Babywickelraum.

„Dafür spendiere ich einen großen, farbigen Hampelmann aus Holz“, sagte der Chef kurz vor der Fertigstellung zur Toilettenfrau. Sie jedoch riet ihm ab, denn sie kennt die Menschen nur zu genau. „Der wird bald gestohlen sein!“, sagte sie.

Aber der Chef glaubte an das Gute im Menschen, doch vorsichtshalber ließ er den prächtigen Hampelmann fachmännisch andübeln. Einige Tage später klebte ein kleiner Hinweis an der Wand des Babywickelraums: „Hier hing einmal ein schöner Hampelmann, aber leider nur zwei Tage!“

Das ist doch nicht so schlimm? Das ist doch unser normaler Alltag? Ja, gerade deshalb ist es schlimm. Da ist jemand mit seinem Baby im Wickelraum und reißt mit aller Gewalt den Hampelmann aus der Wand. Was dieser Mensch sich wohl als Nächstes einfallen lässt?

Viele kapitulieren vor dieser Gewalt, vor dem Unrecht, vor der Lieblosigkeit. Sie ziehen sich zurück in ihre kleine *heile* Welt, in die Familie, die Gemeinde, den Verein, den Freundeskreis. Dort fühlen sie sich sicher, dort können sie frei atmen und leben. Doch sie tun nichts gegen das Böse.

Mir fällt ein Bibeltext dazu ein: „Lass dich vom Bösen nicht überwinden. Überwinde das Böse mit Gutem" (Römerbrief 12,21). Das wäre ein Weg: statt in Angst zu erstarren, mutig und dabei gelassen das Gute zu tun. Warum zeigen wir nicht, wofür wir eintreten? Warum hängen wir nicht – bildlich gesprochen – Tausende farbige Hampelmänner auf? Warum arbeiten wir nicht gemeinsam, ohne uns dabei aufzuregen und uns dadurch kaputt zu machen, für eine bessere Welt, statt nur das Negative zu beklagen?

25 Zweckfrei leben können

„Fahren Sie ein paar Tage in Urlaub, sonst kann ich für nichts garantieren", riet der Arzt seiner völlig verzweifelten Patientin. Sie reagierte prompt und fast ein wenig aggressiv: „Aber ich kann doch meine Familie nicht alleinlassen. Ich muss doch für sie da sein. Das ist schließlich meine Aufgabe."
Einfach *nur so* Urlaub zu machen, etwas zu tun nur für sich, das war für sie unvorstellbar.
Als die ältere Dame den Nachbarn fragte, ob er ihr beim Aufstellen der Waschmaschine helfen könnte, antwortete er: „Das dauert mindestens zwei Stunden. Geben Sie mir 50 Euro, dann fasse ich mit an."
Etwas zu tun, ohne dafür bezahlt zu werden, das war für ihn absolut unvorstellbar. „Weshalb sollte ich? Ich lasse mich doch nicht ausnutzen!"
Wie sieht das bei Ihnen aus? Hat Arbeit für Sie nur dann einen Sinn, wenn Sie dafür bezahlt werden? Hat Lächeln nur dann einen Sinn, wenn Sie damit etwas erreichen wollen? Hat Urlaub nur dann einen Sinn, wenn Sie sich erholen und neue Kräfte für Ihre Arbeit sammeln? Hat Leben nur dann einen Sinn, wenn Sie etwas Großes schaffen und von allen bewundert werden?

Manche Menschen beantworten diese Fragen eindeutig mit Nein. Für sie muss nicht alles einen erkennbaren Sinn haben. Sie verfolgen nicht mit allem, was sie tun, ein bestimmtes Ziel. Sie fragen nicht bei jeder Hilfestellung oder freundlichen Geste, was es ihnen einbringt.

Es ist ein Zeichen von Gelassenheit und innerer Freiheit, wenn Sie auch etwas tun können, nur weil es Ihnen Spaß macht, wenn Sie lachen und fröhlich sind, wenn Sie spontan sind und manchmal etwas völlig Verrücktes machen – einfach so! Denn „wenn der Mensch viele Jahre lebt, soll er sich an allen freuen" (Prediger 11,8). Leben, spielen, sich freuen – einfach so, klingt das nicht verlockend?

Sie tun häufig etwas, was auf den ersten Blick keinen Sinn hat? Herzlichen Glückwunsch! Denn das ist eine der Voraussetzungen für ein wirklich sinnvolles Leben.

26 Positive Worte

Es beginnt in der frühen Kindheit, setzt sich in der Schule fort, bei der Ausbildung, der Arbeit, im täglichen Leben: Jemand schafft es mit wenigen Worten, uns zu kränken oder zu demütigen. Wie das geht? Eine lieblose, unsachliche Kritik macht uns sprachlos. Eine abwertende Aussage lässt uns an uns selbst zweifeln.

Das schaffst du niemals!
Was hast du wieder angestellt?!
Du bist und bleibst ein Versager!
Lass mich doch in Ruhe!
Das hätte ich nicht von dir gedacht!
Du kannst das einfach nicht!
Lass mal sein, ich mache das lieber selbst!

Jeder von uns hat das schon erlebt und erinnert sich vielleicht noch nach langen Jahren an den Druck und die Scham und die tiefe Verletzung. Mancher traut sich sein Leben lang nicht zu singen, weil ihn eine *einfühlsame* Lehrerin für unmusikalisch erklärt hat. Und manches Arbeitsklima wird durch ständige abwertende Bemerkungen dauerhaft zerstört.

Zum Glück muss niemand mit gleicher Münze zurückzahlen, denn Rache tut beiden Seiten nicht gut.

Gut tun dagegen Worte, die uns aufbauen, die Mut machen und uns erfreuen. Einige dieser Worte sollten zu unserem täglich benutzten Wortschatz gehören:

Schön, dass du da bist!
Es ist noch kein Meister vom Himmel gefallen!
Manchmal hast du richtig gute Ideen!
Versuch es doch einfach noch einmal!
Wenn du weiter so übst,
wirst du es bald schaffen!
Du hast eine Menge Begabungen!
Toll, dass du es versucht hast!
Ich freue mich, dich zu sehen!
Wir brauchen dich!
Wollen wir es zusammen machen?

27 Die eigenen Möglichkeiten nutzen

Vor Jahren entdeckte ich einen Zeitungsartikel, der für mich seitdem zu einem Gleichnis des Lebens geworden ist:
„In einer alten kleinen New Yorker Stadtwohnung fand man eine gebrechliche alte Witwe nur kurz vor dem Hungertod. Vier Tage später starb sie im Alter von neunzig Jahren an Entkräftung. Die Frau hinterließ ein Vermögen von etwa einer halben Million Dollar. Die Hälfte dieses Reichtums hatte sie in ihrem Schlafzimmer in Pappschachteln aufbewahrt. Der Rest bestand aus einem Bankguthaben und Aktienanteilen."
Es wurde weiter berichtet, dass sie – statt ihr Geld zum Leben zu gebrauchen – sich armselig durchgebettelt hatte. Ihre Wohnung sah trostlos aus, und um die Kosten für Gas und Strom zu sparen, hatte sie ihren alten, dickbäuchigen Ofen mit Packpapier und aufgesammelten Kartons geheizt.
Jeder Mensch besitzt einen großen Reichtum, zum Beispiel zahlreiche Fähigkeiten, die er entdecken und entwickeln kann, oder zahlreiche Möglichkeiten, Freude zu verschenken und selbst Freude zu erfahren. Doch viele Menschen leben wie diese

alte Frau in New York. Sie klagen, wie schwer alles ist, und tun nichts dafür, dass ihr Leben leichter wird. Sie lassen ihre Fähigkeiten verkommen und leben auf Sparflamme, träge und bequem. Sie klagen über die Lieblosigkeit und vergessen darüber, ihre Freundschaften zu pflegen. Sie verstecken ihren Glauben in Pappschachteln oder im hintersten Winkel ihres Herzens, statt mit dem lebendigen Gott zu rechnen. Schließlich sprach Jesus von einem großen Reichtum, als er sagte: „Ich bin gekommen, damit sie das Leben in seiner ganzen Fülle haben" (Johannes 10,10). Damit hätten diese Leute die Möglichkeit zu lieben, zu singen und zu tanzen, stattdessen verstecken sie sich hinter ihren Problemen und zwischen ihren Sorgen.

Unser Leben wird armselig und verkrampft bleiben, solange wir unsere besten Lebensmöglichkeiten nicht nutzen. Dabei ist für jeden von uns Leben im Überfluss vorhanden.

28 Eine eigene Meinung

Ab und zu ist es notwendig, sich selbst einige wichtige Fragen zu stellen: Was will ich eigentlich? Woran hängt mein Herz? Welchen Weg will ich gehen? Was erwarte ich vom Leben? Nach welchen Maßstäben lebe ich? Wofür bin ich bereit, mich einzusetzen? Wer diese Fragen nicht beantworten kann, wird schnell zum Spielball der anderen. Für ihn übernimmt die öffentliche Meinung die Funktion des inneren Kompasses. Er leidet unter der Beliebigkeit, vor der er doch längst kapituliert hat. Er verirrt sich im Dickicht des Alltags und trauert um seine schönsten Träume. Sein Leben wird zum Krampf. Können Sie die Frage beantworten, was Ihnen wirklich wichtig ist und wofür Sie bereit sind, sich einzusetzen? Dann könnten die folgenden Worte ihre Lebensgrundsätze sein:

Ich will nichts sagen,
nur weil andere es von mir hören wollen.
Ich will nichts glauben,
nur weil die Mehrheit es glaubt.
Ich will nichts tun,
nur weil alle *es tun.*

Ich will nichts versprechen,
nur um anderen zu gefallen.
Ich will nichts unterlassen,
nur weil einige die Nase rümpfen
oder darüber lachen könnten.
Ich will nichts aufgeben,
nur weil andere es mir einreden wollen.
Ich will nichts zulassen,
nur weil wir ja doch nichts
dagegen tun können.
Ich will keinen Menschen verachten,
nur weil andere es tun.

Was das für Sie bedeutet? Sie haben es längst gemerkt: Sie besitzen eine unglaubliche Freiheit und eine gesunde Unabhängigkeit.

29 Freie Zeit einplanen

Wie sieht Ihr Terminkalender aus? So ein Kalender sagt eine Menge über einen Menschen aus. Ist er von oben bis unten voll mit Eintragungen? Womöglich in extra kleiner Schrift, damit noch mehr hineinpasst?

Oder ist noch genügend Platz für unerwartete Anforderungen oder spontane Entscheidungen? Ist vielleicht sogar noch Platz für eine Pause, für ein kurzes Atemholen oder für einen längeren Spaziergang?

Sind Sie bereit, mutig zu sagen: „Mittwoch ist kein Platz mehr in meinem Kalender, können wir die Sache nicht telefonisch entscheiden oder es auf die nächste Woche verschieben?" Oder geben Sie viel zu oft und viel zu schnell nach und planen noch einen zusätzlichen Termin ein?

Wenn der Terminkalender zu einem Gefängnis geworden ist, in dem Sie sich kaum noch bewegen können, ist es höchste Zeit gegenzusteuern, und zwar, indem Sie noch mehr Termine einplanen. Doch diese heißen alle gleich: „freie Zeit." Planen Sie ganz bewusst freie Zeit ein, damit das Leben wieder leichter wird.

Nutzen Sie diese freie Zeit für unerwartete Begegnungen, für kreative Pausen oder einfach zum Atemholen.
So wird es möglich, dass Sie in aller Ruhe auf einer Bank sitzen und Ihren Gedanken nachhängen. Sie beobachten gestresste Menschen, aber auch solche, die gemütlich vorbeischlendern und einen sehr entspannten Eindruck machen. Und Sie selbst haben dabei kein schlechtes Gewissen, denn es ist ja Ihre *freie Zeit* von zwei bis drei Uhr.
Auf diese Weise wird es endlich wieder möglich, dass Sie spontan einen Besuch machen, den Sie sich schon vor Monaten vorgenommen hatten. Es wird möglich, dass Sie das moderne Denkmal eingehend betrachten, über das in der Lokalpresse seit Wochen kontrovers berichtet wird.
Es wird möglich, dass Sie in der Kirche im Stadtzentrum eine Kerze anzünden, einem Straßenmusiker zuhören, in Ruhe über ein wichtiges Problem nachdenken, die Entenfamilie im Kurpark *besuchen* oder in Ihrer Lieblingsbuchhandlung stöbern. Ein Lob auf die freie Zeit in Ihrem Terminkalender!

30 Probleme zulassen

Probleme sind ein nicht unerheblicher Teil Ihres Lebens, egal, ob Sie das wahrhaben wollen oder nicht. Und sie gehören erst recht zu jedem Zusammenleben, zu jeder Gemeinschaft. Immer, wenn sich Menschen näher kennenlernen, sich miteinander beschäftigen, müssen sie mit Problemen rechnen. In jedem Gespräch, jeder Begegnung warten Probleme, Missverständnisse und Konflikte.
Wie gehen Sie mit Problemen um, die sich in der Beziehung zu Ihren Mitmenschen ergeben? Hier gibt es drei verschiedene Möglichkeiten:

1. Sie kehren die Probleme unter den Tisch. Sie übergehen sie. Sie ignorieren sie. Sie schieben sie weg. Doch dadurch haben die Probleme die Chance, wie ein Krebsgeschwür zu wachsen. Probleme, die übergangen werden, machen krank und können jedes Miteinander zerstören.
2. Sie bewerten sie über. Sie machen aus einem kleinen Problem eine große Sache. Sie reden über nichts anderes mehr. Sie klagen an. Sie verteilen Schuld. Sie vergessen über dem Problem mit einem Menschen die guten Seiten einer

Beziehung. Sie steigern sich in das Problem so sehr hinein, dass es Sie schließlich völlig überfordert und Sie nicht mehr in der Lage sind, sich ihm zu stellen.

3. Sie gehen sinnvoll und kreativ mit einem Problem um. Sie reden offen darüber, ohne dem Problem einen zu großen Raum zu geben. Sie begegnen dem anderen in Liebe und Freundschaft, auch wenn Sie unterschiedlicher Meinung sind. Sie hören dem anderen Menschen zu, Sie nehmen seine Argumente ernst, ohne sich selbst aufzugeben. Sie versuchen, eine Lösung zu finden, mit der möglichst beide leben können. Hinterher stellen Sie vielleicht fest: Unsere Beziehung hat durch Probleme und Schwierigkeiten, die wir gemeinsam gemeistert haben, gewonnen.

Wie hat es Dante vor langer Zeit so treffend gesagt? „Der eine wartet, dass die Zeit sich wandelt, der andere packt sie an und handelt."

31 Verzichten lernen

Sie brauchen ein zweites Auto? Eines, das gut aussieht, das bequem und sportlich ist, gut motorisiert und das Platz genug bietet für Ihr Gepäck? Mancher würde jetzt vielleicht sagen: „Natürlich brauchen Sie so ein Auto. Gar nicht auszudenken, darauf verzichten zu müssen."

Doch das neue Auto hätte auch eine Kehrseite: Sie müssten dafür bezahlen, in verschiedener Hinsicht. Vielleicht mehr, als Sie sich leisten könnten. Sie müssten es versichern und pflegen. Sie brauchten eine Garage oder einen Parkplatz und vieles mehr.

Sie haben hohe Ansprüche, was Ihre Urlaubsgestaltung betrifft? Sie lieben schöne Hotels? Sie wollen etwas von der Welt sehen? Sie wollen sich etwas gönnen? Sie haben schließlich Stil? Darauf würden Sie nie verzichten?

Kein Problem! Sie müssen einfach noch mehr arbeiten und mehr verdienen. Sie müssen Ihr Geld effektiver anlegen und eine höhere Rendite erzielen. Alles hat eben seinen Preis.

Die Welt ist voll von Menschen, die sich Tag für Tag quälen, um sich etwas *leisten* zu können. Sie geben ihr Letztes, setzen Ehe und Gesundheit aufs Spiel,

um sich ihre Wünsche erfüllen zu können. Bei vielen ist der Druck irgendwann zu groß – sie geben auf, brechen zusammen, stehen vor den Scherben ihres Lebens.
Es ist eine interessante Erfahrung, dass sich der Lebensstandard und die eigenen Ansprüche leicht und regelmäßig steigern lassen. So kann der größte Luxus irgendwann selbstverständlich werden. Weniger zu verdienen würde bedeuten, unfreiwillig endlos tief zu fallen. Was für ein Druck!
Doch manche Menschen verzichten freiwillig, bevor sie ausgebrannt sind und der Druck unmenschlich wird. Sie haben festgestellt, dass ihnen zu viel Wohlstand und Luxus nicht guttun. Sie wollen kein immer größeres Rad drehen. Sie lernen, wieder einfacher zu leben. Und sie genießen die neu gewonnene Freiheit.
„Der größte Reichtum ist Selbstgenügsamkeit. Die größte Frucht der Selbstgenügsamkeit ist die Unabhängigkeit“ (Epikur).

32 Den Rhythmus des Lebens akzeptieren

In einem der bekanntesten Bibeltexte heißt es: „Alles im Leben hat seine Zeit, und alles Geschehen unter dem Himmel hat seine Stunde. Geboren werden hat seine Zeit und Sterben hat seine Zeit ...“ (Prediger Salomo 3). Tatsächlich ist es gar nicht so leicht, bewusst im eigenen Rhythmus zu leben. Sie kennen das sicher selbst: Manchmal hängt uns der lange Winter so zum Halse heraus, dass wir am liebsten sofort auf eine Insel in der Südsee fliegen würden. Manchmal kämpfen wir am frühen Nachmittag verzweifelt gegen unsere Müdigkeit an und versuchen krampfhaft, trotzdem Höchstleistungen zu vollbringen. Manchmal halten wir die Vorstellung kaum aus, dass die Jugendzeit vergeht und unsere Leistungsfähigkeit von Jahr zu Jahr nachlässt. Manchmal möchten wir die Nacht zum Tag machen, immer glücklich sein oder stets als Sieger durchs Ziel kommen.

Doch wir haben längst schmerzhaft erfahren, dass es auf Dauer sinnlos ist, gegen den natürlichen Lebensrhythmus anzukämpfen. Wir würden diesen Kampf schon bald verlieren und uns das Leben unnötig schwer machen. Also ist es besser, uns mit

dem Winter anzufreunden. Wir akzeptieren unsere Tiefpunkte und unser Älterwerden, unsere Müdigkeit und unsere Niederlagen. Und wir leben mit der Erkenntnis, dass kein Mensch der Welt immer nur glücklich sein kann.
Für eine Vortragsreihe zum Thema *Lebensrhythmus* habe ich diesen kleinen, poetischen Text verfasst:

Seit Urzeiten ist der Rhythmus des Lebens stets der gleiche: Frühling, Sommer, Herbst und Winter wechseln sich gegenseitig ab, Tag und Nacht, Ebbe und Flut. Ich kenne diesen Rhythmus auch in meinem Leben. Es geht auf und ab, es ist hell und dunkel, ich arbeite hart und brauche anschließend eine Zeit zum Ausruhen. Ich freue mich auf den Sommer und brauche danach eine Winterpause.
Das Leben hat seinen Rhythmus und ist doch jeden Tag neu, anders und unverwechselbar, jeden Tag für eine Überraschung gut. Ich kann es nicht vorherbestimmen, kann nicht alles planen. Manchmal lässt es mein Herz schneller schlagen, das Leben!

Keine Angst, etwas zu versäumen

Kürzlich besuchte ich einen für mich äußerst interessanten Vortrag in der Kirchengemeinde einer Nachbarstadt. Schon lange vorher hatte ich mich auf den Abend gefreut. Rechtzeitig hatte ich mir eine Eintrittskarte besorgt, um auch ja einen Platz zu bekommen. Da ich an dem Nachmittag des *großen* Tages in der Nähe zu tun hatte und es sich nicht mehr lohnte, vorher nach Hause zu fahren, aß ich unterwegs noch eine Kleinigkeit und war trotzdem schon 45 Minuten vor Beginn der Veranstaltung in der Kirche. Ich zeigte meine Karte am Eingang und sah auf einen Blick, dass noch niemand da war.

„Mit wie vielen Besuchern rechnen Sie denn heute Abend?", fragte ich.

Die Antwort kam etwas zögernd: „Wir wissen es nicht. Wir haben erst zwölf Karten verkauft. Aber das sagt gar nichts. Die meisten wollen sich heute einfach nicht mehr festlegen. Sie warten oft bis kurz vor einer Veranstaltung, ob sich nicht noch etwas Besseres findet."

Es wurde übrigens noch relativ voll an diesem Abend. Ich schloss daraus, dass die Besucher nichts *Besseres* gefunden hatten.

Es muss ganz schön anstrengend sein, mit der eigenen Programmgestaltung immer bis zum letzten Augenblick zu warten. Und wenn wir ehrlich sind: Wir alle kennen die diffuse Angst, zu kurz zu kommen oder etwas zu versäumen. Wie sich diese Angst äußert? Vielleicht so: „Ich hoffe, dass ich noch zu der großen Party eingeladen werde. Wann findet noch mal das Weinfest statt? Den Film heute Abend im Fernsehen darf ich auf keinen Fall verpassen. Wie heißt das neue Parfüm, von dem alle Welt spricht? Ob es wohl noch Eintrittskarten für das Konzert im Stadion gibt? Ich muss meinen Kindern noch unbedingt die Ausstellung zeigen. Die Sonderangebote gelten nur noch diese Woche. Hoffentlich treffe ich bei der Premiere interessante Leute!"

Was für ein schwerer Job, immer informiert zu sein, wo etwas los ist! Was für ein Stress, jedes Mal zwischen den vielen Angeboten wählen zu müssen.

Wer immer Angst hat, etwas zu versäumen, läuft in Wirklichkeit vor dem Leben davon.

Ihr nervöses Augenzucken fiel mir sofort auf. Sie war nach einem Vortrag zu mir gekommen und erzählte nun aufgeregt, dass sie sich in letzter Zeit nur noch durchs Leben quälte. Sie war Ende vierzig und spürte immer häufiger, wie sehr sie alles überforderte: die beiden halbwüchsigen Kinder, die Probleme in der Ehe sowie der ungeheure Druck, das unmenschliche Arbeitstempo im Büro. Vor allem aber fühlte sie sich durch ihre vielen ehrenamtlichen Tätigkeiten überfordert: die Kassenführung im Verein, die Mitarbeit in der Kirchengemeinde, im Schulverein, aber auch die Hilfeleistungen für ältere Menschen in der Nachbarschaft.
„Und jetzt habe ich auch noch die Organisation der Tombola bei unserem Gemeindefest übernommen. Ich weiß auch nicht, wieso ich mich da habe breitschlagen lassen."
So, wie sie es mir erzählte, sah es nach einer klaren Sache aus: Wie bisher darf es nicht weitergehen! Aber wie macht man das?
Wie ist das bei Ihnen? Haben Sie auch Probleme damit, einmal Nein zu sagen? Versuchen Sie, immer nur nett und freundlich zu sein? Gehen Sie viel zu

oft auf die Vorstellungen der anderen ein? Sind Sie immer und für jeden zu sprechen? Lassen Sie sich jedes Gesprächsthema aufdrängen? Haben Sie oft das Gefühl, Ihre Zeit mit sinnlosen Aufgaben zu vertun? Lassen Sie sich von anderen Ihren Terminkalender füllen, obwohl Sie längst mit allem überfordert sind?

Dann ist es höchste Zeit, konsequent Grenzen zu ziehen. Ohne deutliche Grenzen sind Sie schnell überfordert und leer. Ohne klare Grenzen ist auf Dauer keine gute Gemeinschaft möglich. Finden Sie heraus, wie weit Sie Ihre Grenzen stecken können oder wie eng Sie sie ziehen müssen. Was wollen Sie und was nicht? Was ist Ihnen wichtig und was nicht? Was tut Ihnen gut und was nicht?

Dann machen Sie Ihre Grenzen deutlich, dann verteidigen Sie Ihren Schutzraum. Und Sie werden feststellen, dass Sie innerhalb der Grenzen viele wunderbare Möglichkeiten zum Leben und zur Begegnung mit anderen nutzen können. Und das, was wie *weniger* aussah, stellt sich letztlich als *mehr* heraus.

5 Endlich anfangen

Eine gewisse Portion Stress tut den meisten Menschen ausgesprochen gut. Sie erleben, dass sie etwas leisten und bewegen können. Sie sind mit großem Engagement und Eifer bei der Sache. Doch viele übertreiben es mit dem Stress, weil sie immer mehr leisten und erledigen wollen oder müssen. Irgendwann kommt dann der Punkt, an dem sie völlig überfordert sind. Der ehemals positive ist zu negativem Stress geworden. Die Arbeit macht keine Freude mehr, die Begeisterung ist verschwunden. Sie werden krank, depressiv, antriebslos. Sie sind ausgebrannt. Sie leiden unter einem ausgewachsenen Burnout.

Nun gibt es aber auch das andere Extrem: Da sitzt jemand stundenlang am Schreibtisch, schichtet den Haufen Papier von einer Seite zur anderen, stöhnt über die viele Arbeit und die kniffligen Aufgaben – aber er tut nichts. Hinterher ist er völlig ausgelaugt vom Nichtstun – ausgelaugt und leer.

Da redet jemand ständig über seine Finanzprobleme oder über Schwierigkeiten in der Beziehung, immer und immer wieder – aber er tut nichts, um daran zu arbeiten und seine Probleme zu lösen.

Solche Menschen werden, wenn sich die Lage weiter zuspitzt, ebenfalls krank, depressiv, antriebslos. Sie sind nicht ausgebrannt, sondern innerlich verfault, verrostet. Sie leiden unter einem *Rustout*.

Wer sich ständig vor der Arbeit drückt und sie vor sich herschiebt, wer seine Probleme aussitzt, statt sie anzupacken und zu lösen, wer alle Herausforderungen ablehnt, ist nicht frei oder gelassen, sondern gefangen und erstarrt.

Doch es gibt eine Medizin, die helfen kann: endlich anfangen, endlich etwas tun, endlich in *die Hufe kommen*, endlich den positiven Stress erleben, auf den man abends glücklich und dankbar zurückblicken kann.

Benjamin Franklin sagte einmal: „Eine Stunde konzentrierter Arbeit hilft mehr, deine Lebensfreude anzufachen, deine Schwermut zu überwinden und dein Schiff wieder flottzumachen, als ein Monat dumpfen Brütens."

Ballast abwerfen

Als junger Mann wurde ich von einer Familie aus unserer Kirchengemeinde zum Kaffeetrinken eingeladen.

Die Frau des Hauses öffnete auf mein Klingeln hin die Tür: „Schön, dass Sie da sind. Kommen Sie doch herein!"

Ich folgte ihr durch den Flur ins Wohnzimmer. Was mir sofort auffiel, waren die beiden Schränke auf dem Flur, die fast den Weg versperrten. Aber trotz der Enge gelangten wir in die gute Stube, in der allerdings weitere Schränke standen. Wir versammelten uns um den Kaffeetisch, und bald begann ein lebhaftes Gespräch. Während der ganzen Zeit fühlte ich mich jedoch ein wenig eingeklemmt.

Kurz vor dem Abschied traute ich mich dann, nach dem *Geheimnis* der vielen Schränke zu fragen.

Da fing die Hausfrau an zu erzählen: „Ach, wir haben als junge Leute unsere Heimat und den ganzen Besitz verloren. So mussten wir hier praktisch bei null anfangen. Ich erinnere mich gut an unser erstes Federbett. Das war völlig verklumpt. Als wir uns ein neues leisten konnten, brachten wir es nicht übers Herz, das alte wegzuwerfen. Vielleicht würden wir es später noch brauchen. So begannen wir, den ersten Schrank zu füllen.“

Sie erzählte weiter, von der Kleidung der letzten zwanzig Jahre, von dem defekten Waffeleisen, von den alten Kinderspielsachen der beiden halb erwachsenen Jungs. Immer mehr sammelte sich an. Sie brachten es nicht übers Herz, sich davon zu trennen. Und so wurde es in ihrer Wohnung immer enger, weil ein Schrank nach dem nächsten besorgt werden musste.

Zu viel Gepäck erschwert unsere Wanderung in dieser Welt. Unnötiger Ballast macht unbeweglich. Das betrifft nicht nur die gefüllten Schränke, sondern auch unser inneres, seelisches Gepäck. Die alten Verletzungen, die wir nicht heilen lassen, die Schuld, die wir nicht vergeben und die wir den anderen mühsam nachtragen, die vielen Träume und Wünsche, an denen wir schon so lange hängen und die uns längst zur schweren Last geworden sind – es ist Zeit, Ballast abzuwerfen. Mit weniger Gepäck wird die Wanderung gelingen.

Immer wieder loslassen

Zu Hause stapelte sich mein kostbarster Besitz.
Berge von Sorgen füllten die Regale.
Meine Ängste fanden sich in allen Ritzen.
Vorurteile lauerten gleich hinter der Tür.
Und ich stand stolz in jeder Vitrine.
Als ich mich auf den Weg machte,
wollte ich auf meinen Besitz nicht verzichten.
Voll bepackt trat ich die Wanderung an.
Aber schon bald musste ich Ballast ablegen.
Jedes Stück, das auf dem Weg zurückblieb,
war mir ans Herz gewachsen.
Es tat weh.
Doch die Lasten wurden leichter
und mit jedem Schritt wurde ich freier.

Immer wieder einmal komme ich zu diesem Text zurück, den ich vor Jahren geschrieben habe. Vieles kann in den Regalen unseres Lebens stehen und verstauben. Vieles macht uns krank, macht uns das Leben schwer.

Ein falscher Glaube kann krank machen, wenn er uns Freude und Würde nimmt. Es gibt unnötige Probleme und Schwierigkeiten, die wir treu pflegen und von denen wir uns das Leben zur Hölle machen lassen. Und eine besitzergreifende Liebe, wenn sie überhaupt Liebe genannt werden kann, kann unser Leben und das des geliebten Menschen zerstören.

Loslassen können wir lernen.
Loslassen müssen wir unser Leben lang.
Loslassen ist meistens kein Verlust, sondern Gewinn.
Mit dem Loslassen dürfen wir uns anfreunden.
Ohne Loslassen gibt es kein Wachstum.
Alles Neue in unserem Leben beginnt damit, dass wir loslassen.

Jede Entscheidung für etwas ist zugleich eine Entscheidung gegen etwas. Das kann wehtun. Doch wenn wir nicht loslassen können, werden wir nach und nach unsere ganze Lebendigkeit verlieren.

Loslassen lernen

Viele Wünsche in meinem Leben
haben sich erst erfüllt,
als ich sie loslassen konnte.
Manche Ziele habe ich erreicht,
als ich aufhörte, sie krampfhaft im Blick zu haben.
Und Aufgaben habe ich dann gelöst,
wenn für mich nicht mehr
die ganze Zukunft daran hing.

Die meisten Menschen haben Probleme damit, loszulassen. Auch wenn der Druck immer größer wird – sie trauen sich nicht. Sie haben Angst vor dem entscheidenden Schritt, Angst vor dem Trennungsschmerz, Angst vor der Leere, Angst vor dem mühsamen Weg, Angst vor der Veränderung, Angst vor dem Neuen.

Vielleicht fragen Sie sich jetzt: Wie kann ich das Loslassen lernen? Eine bewährte Methode besteht darin, die Angst in Etappen zu *überlisten* oder bewusst zu überwinden. Fangen Sie in einzelnen Bereichen an, erste kleine Schritte zu tun. Bald werden Sie sich mehr zutrauen. Nach und nach wird es Ihnen gelingen, dieses und jenes loszulassen. Sie machen die

Erfahrung, dass es Ihnen guttut, und freuen sich bereits auf die nächsten Schritte. Wären die folgenden Ideen, mit dem Loslassen zu beginnen, nicht eine Möglichkeit für Sie?

Vielleicht trennen Sie sich zunächst von einigen Einrichtungsgegenständen und Erinnerungsstücken, von alten Geburtstagsgeschenken und Andenken, und verhindern so, dass die eigene Wohnung zum Museum wird.

Vielleicht setzen Sie Ihre eigene Messlatte etwas tiefer und erwarten nicht länger von sich, ständig Höchstleistungen zu bringen.

Vielleicht legen Sie eine etwas eigenartige Angewohnheit ab und verhindern so, dass Sie als Sonderling angesehen werden.

Vielleicht lassen Sie krank machende Überzeugungen und Glaubensgrundsätze los und verhindern so, dass Ihr Leben zerstört wird.

Vielleicht lassen Sie alte Verletzungen heilen, hören auf, anderen etwas nachzutragen, und beenden so die unbewusste Angewohnheit, sich selbst das Leben unnötig schwer zu machen.

39 Erkennen, was *dran ist*

Alles im Leben hat seine Zeit und seinen Rhythmus. Das bedeutet: Für alles kommt die Zeit und geht die Zeit. Alles hat einen Anfang und ein Ende. Das gilt auch für das Leben hier in dieser Welt, das jeder Mensch eines Tages einmal loslassen muss.

Doch wer will das schon gerne hören? Jeder möchte sein Leben um fast jeden Preis festhalten. Jeder macht aber auch die Erfahrung, dass Loslassen immer ein wenig wie Sterben und Abschiednehmen ist. Und fast jeder hat bereits erlebt, dass er viel zu spät losgelassen hat oder gar nicht loslassen konnte.

Ein Freund von mir hat sich vor etlichen Jahren ein schönes Holzhaus an der Nordsee gekauft. Damals waren seine vier Kinder noch klein. Oft verbrachte die Familie hier ihren Urlaub und genoss zahllose Wochenenden. Die Kinder fühlten sich in der Gegend bald zu Hause, sie konnten dort unbeschwert spielen und hatten nette Spielkameraden.

Die Kinder wurden größer, und ihre Interessen änderten sich. Bald hatten sie immer seltener Lust auf ein Wochenende mit den Eltern im Ferienhaus. Mein Freund fuhr jetzt häufig nur mit seiner Frau oder ganz allein in sein *Paradies*. Die Aufenthalte bestanden vorwiegend aus Reinigen und Rasenmähen, Anstreichen und Reparieren. Und irgendwann empfand er das alles nur noch als Last. Das Traumhaus hatte seinen Zauber verloren.

Doch er mochte sich nicht von dem Haus trennen. Zu viele positive Erinnerungen waren damit verbunden. Zu sehr war es ihm ans Herz gewachsen. Er entschied sich, es zu vermieten. Damit jedoch begann der Ärger erst richtig. Ständig musste er an dem Haus arbeiten oder Handwerker beauftragen, erinnern, bei Laune halten und bezahlen. Nach einem Wasserrohrbruch, der ihn mehrere Wochen Arbeit und viel Geld gekostet hatte, wollte er nicht mehr. Das Haus war für ihn zum Albtraum geworden. Als er es dann endlich verkauft hatte, empfanden er und die ganze Familie das nur noch als Befreiung.

Alles im Leben hat seine Zeit und seinen Rhythmus – das hört sich so einfach an und ist doch oft so schwer.

40 Loslassen einüben

Loslassen ist eine Kunst, die gar nicht früh genug eingeübt werden kann. Das beginnt schon in der Kindheit: Das Kind lernt zu akzeptieren, dass nicht alle seine Wünsche erfüllt werden. Es macht die Erfahrung, dass es vieles auch ohne die Mutter tun kann. Es nimmt Abschied von dem Wellensittich, der gestorben ist. Es erlebt den letzten Tag im Kindergarten und verabschiedet sich, wie es in seiner Gegend Brauch ist, mit einem feierlichen Sprung aus dem geschmückten Fenster. Es ist einverstanden, dass die Spielsachen aus der Kleinkinderzeit einer befreundeten Familie geschenkt werden.

Eltern können ihre Kinder dabei einfühlsam unterstützen, rechtzeitig loszulassen. Sie können aber auch das Gegenteil tun und die Kinder zu lange behüten, sie unterfordern und an sich binden.

Hänschen klein nahm all seinen Mut zusammen, so haben Sie und ich gesungen, ging allein, ohne seine Mutter, in die Welt hinein oder wohin auch immer. Aber seine Mutter war so traurig, dass Hänschen doch wieder zu ihr zurückkehrte. Die großen traurigen Augen der Mutter haben es schon manchem Kind schwer gemacht loszulassen und mehr und

mehr eigene Wege zu gehen – egal, ob es nun 6 oder 16 oder 26 Jahre alt war.
Meistens ist das Loslassen für die Eltern tatsächlich schwerer als für die heranwachsenden Kinder. Denn die jungen Leute sehen sich auf dem Weg ins Leben, ins große Abenteuer, während die Eltern leicht den Eindruck haben, vom Leben abgeschnitten zu werden.
Veränderung, Wachstum, Freiheit und Leichtigkeit sind ohne Loslassen nicht möglich. Darum ist es wichtig, das Loslassen auch im Erwachsenenleben weiter einzuüben und zum wichtigen Teil des eigenen Lebens zu machen.
Einüben? Ja, es ist tatsächlich möglich, das Loslassen *ein*zuüben, um es dann regelmäßig *aus*zuüben, so wie Sie auch Ihren Körper regelmäßig trainieren und einen Sport ausüben. Nur über etwas nachzudenken reicht nicht aus, das gilt für den Sport genauso wie für das Loslassen.

41 Die eigenen Pflichten überprüfen

Ein ausgewogenes, erfülltes und immer wieder auch glückliches Leben besteht aus den Gegensatzpaaren Disziplin und Freiheit, Spaß und Ernst, Schmerz und Freude, Pflicht und Kür.

Bei dem Wort *Pflicht* gerate ich jedoch ins Stocken. Ich weiß, dass viele Menschen darauf allergisch reagieren. Pflicht tötet in ihren Augen jede Lust und allen Spaß. Pflicht hindert sie an ihrer Selbstverwirklichung. Pflicht ist Zwang.

Doch selbst der größte Egoist wird irgendwann akzeptieren müssen, dass es auch für ihn Pflichten gibt, denen er sich nicht entziehen kann: Er muss pünktlich seine Arbeit erledigen, vor der roten Ampel halten, seine Steuern bezahlen und nachts Ruhe halten, sonst wird es unweigerlich Ärger geben.

So richtig kommt bei mir immer noch kein gutes Gefühl auf, wenn ich über den Begriff *Pflicht* nachdenke. Wie oft wurden in der Vergangenheit und werden auch noch heute Menschen unter Druck gesetzt mit dem Hinweis auf ihre *verdammte Pflicht und Schuldigkeit*! Und mir fallen sofort einige Menschen ein, die schrecklich unter ihren Pflichten leiden.

Schnell wird deutlich: Es gibt falsche Pflichten. Es gibt ein ungesundes Pflichtgefühl. Es gibt Versprechen, deren Einhaltung Leben zerstören kann. Es gibt eine Anmahnung der Pflicht, die manipuliert und nur den Interessen dessen dient, der mahnt.

Darum ist es wichtig, regelmäßig Bilanz zu ziehen, die eingegangenen und übernommenen Pflichten auf den Prüfstand zu stellen und zu fragen: Ist es gut für mich, was ich da tue? Ist es gut für die anderen? Ist es sinnvoll? Vielleicht entpuppt sich manche Pflicht dabei schnell als *falsch* oder überholt. Das kann, im wahrsten Sinne des Wortes, sehr entlastend sein. Vielleicht trifft eines der folgenden Beispiele auch auf Sie zu:

Sie müssen nicht jedes Jahr zu Weihnachten an alle Bekannten Karten verschicken. Sie müssen nicht täglich die ganze Wohnung säubern, obwohl die Kinder doch längst aus dem Haus sind.

Sie müssen Ihren erwachsenen, alkoholabhängigen Sohn nicht regelmäßig finanziell unterstützen.

Sie müssen nicht zu allem Ja sagen und stets für die anderen da sein. Sie können auch mit einem Nein ein liebenswerter Mensch sein.

42 Das Menschsein akzeptieren

Der Mensch ist Mensch, auch wenn viele das nicht wahrhaben wollen. Und so kämpfen sie verbissen ein Leben lang gegen ihr Menschsein an.

Manche verdrängen alles, was mit Tod und Sterblichkeit zu tun hat. Sie weigern sich, über dieses Thema ernsthaft zu reden und nachzudenken – vor allem dann, wenn es mit ihnen selbst oder ihren nächsten Angehörigen zu tun hat.

Manche sind nicht in der Lage, vor sich selbst einen Fehler zuzugeben und erst recht nicht gegenüber ihren Mitmenschen. Wenn etwas schiefgelaufen ist, suchen sie die Schuld bei anderen. Sie selbst haben alles richtig gemacht. Sie haben sich nichts vorzuwerfen. Sie sind nicht bereit, sich mit der eigenen Schuldfrage überhaupt zu beschäftigen.

Manche kämpfen verzweifelt gegen ihre eigenen Grenzen an. Sie können und wollen es nicht akzeptieren, dass vieles für sie einfach nicht möglich ist. Statt ihre zahllosen Möglichkeiten auszuschöpfen, kämpfen sie einen unsinnigen Kampf.

Manche kämpfen gegen ihr eigenes Alter an. Sie träumen von ewiger Jugend und zahlen fast jeden Preis, um etwas jünger zu wirken. Sie versuchen durch

zahllose Hilfsmittel, ihre Falten zu überdecken und dem gängigen Schönheitsideal zu entsprechen.
Manche versuchen, ihren Körper zu überlisten, und missachten seine natürlichen Bedürfnisse. Sie ernähren sich falsch, sitzen stundenlang vor dem Fernsehgerät oder machen ständig die Nacht zum Tag. Sie arbeiten zu viel oder verfallen ins Gegenteil und weisen jede Form der Arbeit weit von sich.
Manche, fast alle, flüchten vor dem Schmerz, ein Mensch zu sein. Sie flüchten vor dem Schmerz, Abschied nehmen zu müssen, Fehler zu machen, Grenzen nicht überschreiten zu können, älter zu werden und von vielem abhängig zu sein: von Nahrung, Bewegung und Schlaf, aber auch von Liebe und Zuneigung, Freundschaft und Anerkennung, Vergebung und Gemeinschaft.
Und statt sich der Angst zu stellen und nach ihren Ursachen zu fragen, verdrängen sie sie ins Unterbewusstsein und wundern sich, dass Leichtigkeit und Lebensfreude immer weiter abnehmen.

43 Groß und klein

Es war vielleicht das Schlimmste, was dem jungen Christentum passieren konnte, dass es von einer verfolgten Sekte im Römischen Reich gegen Ende des vierten Jahrhunderts zur Staatsreligion wurde und damit plötzlich auf der Seite der Mächtigen und Herrschenden stand. Hochmut kommt oft vor dem Fall.

Doch was ist wirklich gesund? Stark oder schwach? Groß oder klein? Die Antwort ist eindeutig: Beides ist gesund, aber nur beides zusammen. Der Mensch braucht die Balance zwischen groß und klein, stark und schwach. Beides korrigiert sich gegenseitig. Das wird auch in der Bibel immer wieder betont.

Ich denke gern zurück an Sven-Ingvar, den ich vor vielen Jahren in Schweden kennenlernte. Er war dort Besitzer einer alteingesessenen Holzfirma. Sven-Ingvar war ein großer, stattlicher und äußerst selbstbewusster Mann. Er genoss in der ganzen Region Respekt und großes Ansehen. Später verkaufte er seine Firma an einen Holzmulti und wurde dort zuständig für die Auslandsgeschäfte. So war er viel in der Welt unterwegs und überall, nicht nur wegen seiner Sprachkenntnisse und seines gewandten

Auftretens, sondern auch wegen seiner sympathischen Art, sehr beliebt und erfolgreich.
Doch irgendwann lernte ich einen „anderen" Sven-Ingvar kennen. Das war in einer kleinen Holzkirche auf dem Lande, die bereits über 800 Jahre alt ist. Da kaum kirchliche oder staatliche Mittel zur Unterstützung der Gemeinde zur Verfügung standen, sorgten einige Anwohner für *ihre* Kirche. Einer von ihnen war Sven-Ingvar. So erlebte ich ihn bei Trauungen und Abendgottesdiensten, wie er die Kerzen anzündete, die Gesangbücher verteilte und die Glocken läutete. Und hinterher die Kirche ausfegte. Er tat dies ganz selbstverständlich, in großer Bescheidenheit und zugleich in Ehrfurcht vor seiner Aufgabe. Wann immer er zu Hause war, stand er für seinen ehrenamtlichen Dienst zur Verfügung.
Als Sven-Ingvar vor einigen Jahren starb, starb für mich ein großes Vorbild, ein Mensch, der in seinem Leben vielen anderen Größe und Bescheidenheit zugleich vorgelebt hat.

44 Langsamer, aber intensiver

Es gibt eine große Anzahl von Kursen, in denen man lernen kann, schneller zu lesen. Schnelllesen oder Speedreading spare viel Zeit, so heißt es in der Werbung für diese Kurse. Eine Steigerung der Lesegeschwindigkeit um bis zu 400 Prozent wird da von den Veranstaltern versprochen, andere veröffentlichen sogar Zahlen, die um ein Vielfaches höher sind.

So eine Methode kann vielleicht hilfreich sein für Menschen, die in ihrem Beruf ständig neue Informationen parat haben müssen. Doch für die private Lektüre wäre das der absolute Lesegau. Die Freude am Lesen, das Genießen origineller Formulierungen, das Entwerfen innerer und äußerer Landschaften, die Spannung, die Muße – das alles würde auf der Strecke bleiben.

Beim Lesen geht es den meisten Menschen schließlich nicht nur um Futter für den Verstand, sondern auch um Nahrung für die Seele, um die Begegnung mit tiefen, intensiven Gefühlen. Das ist selbstverständlich nicht im Schnelldurchlauf möglich. Im Gegenteil – so wird ein ungeheurer Leistungsdruck aufgebaut: Alles muss immer schneller gehen, auch das Lesen, das Genießen, das Erleben.

In welchen Bereichen würde es Ihnen guttun, Ihr Leben zu entschleunigen? Stellen Sie sich vor, Sie sind Gast bei einer Veranstaltung, zu der viele interessante Menschen gekommen sind. Sollten Sie jetzt die Gelegenheit wahrnehmen, zu möglichst vielen von ihnen Kontakt aufzunehmen, ein paar Worte mit diesem zu wechseln – um sich dann bald dem nächsten zuzuwenden? Das wäre zwar nicht Schnelllesen, aber Schnellkontakten. Sicher hätten Sie mehr von dieser Zeit, wenn Sie sich auf zwei oder drei Besucher konzentrieren würden, um wirklich interessante Gespräche zu führen.

Ein anderes Beispiel: Sie besuchen ein Museum und schreiten mit schnellem Schritt durch die Räume, um ja alle Bilder oder Ausstellungsstücke zu erleben. Doch von *Erleben* kann keine Rede sein. Wirklich erleben können Sie nur etwas, für das Sie sich Zeit nehmen.

Wofür wollen Sie sich in Zukunft mehr Zeit nehmen?

45 Nicht jammern, sondern danken

Jeder kennt Menschen, die ständig jammern und klagen: Das Wetter ist schlecht. Sie sind müde und überarbeitet. Sie haben nicht genug Geld. Keiner kümmert sich um sie.
Wer jammert, drückt damit aus: Eigentlich müsste es mir deutlich besser gehen. Eigentlich müssten die anderen mehr Zeit für mich haben. Eigentlich müsste ich viel mehr Geld verdienen. Eigentlich müsste alles mehr Spaß machen. Eigentlich müsste ich vom Leben bedeutend besser behandelt werden. Eigentlich steht mir das alles und noch viel mehr zu!
Doch wer jammert, macht sich selbst hilflos. Er drückt damit aus: Was ich habe, ist nicht genug, und was mir begegnet, überfordert mich. Ich komme mit dem Leben nicht zurecht. Ich warte darauf, dass andere etwas tun. Ich habe mich für die Rolle des Zuschauers entschieden. Ich kann das Auf und Ab des Lebens einfach nicht akzeptieren.
Es ist nicht leicht, sich das Gejammer anzuhören. Es tut in der Seele weh. Es ist niederdrückend. Es zerstört ein Stück Lebensfreude und Gelassenheit. Es hemmt und belastet.

Wie gut, wenn es gelingt, sich davon abzuwenden und das Gejammer hinter sich zu lassen! Denn das Jammern steckt alle an, die sich nicht vehement dagegen wehren. Das Jammern frisst sich von einem zum andern, solange der andere dem nichts entgegenzusetzen hat. Das Jammern macht passiv.

Das Gegenteil von Menschen, die ständig klagen und jammern, sind dankbare Menschen. Nein, nicht solche, die mit allem zufrieden sind, die zu allem Ja und Amen sagen und die Hände in den Schoß legen. Dankbare Menschen sehen die guten Möglichkeiten, die sich ihnen bieten. Sie nehmen fröhlich und guter Dinge am Leben teil. Sie blicken zuversichtlich in die Zukunft.

Dankbare Menschen können das Leben genießen, auch wenn nicht alles nach ihren Vorstellungen läuft. Sie freuen sich auf den neuen Tag, auch wenn sie schwierige Probleme zu lösen haben. Sie lieben das Leben, auch wenn ihnen nicht alles gelingt, was sie sich vorgenommen haben.

46 Die Seele tanzen lassen

Vor einigen Jahren nahm ich mit meiner Frau an einem Gottesdienst einer afro-amerikanischen Gemeinde mitten im New Yorker Stadtteil Harlem teil. Wir saßen oben auf der Empore und hatten so einen guten Überblick. Langsam füllte sich das Kirchenschiff. Ich spürte eine positive, äußerst erwartungsvolle Atmosphäre. Mir war nicht klar, ob der Gottesdienst offiziell begonnen hatte, denn der Chor sang bereits ein Lied. Ein junger Mann machte einige Abkündigungen. Eine Pianistin spielte mehrere Songs.

Da sah ich eine alte Frau in die Kirche kommen. Sie war vielleicht 90 Jahre alt und konnte kaum noch gehen. Sie stützte sich auf einen Gehwagen und kam nur mit kleinen Schritten ganz langsam vorwärts.

Als sie bei der ersten Bankreihe angekommen war, stellte sie ihren Gehwagen neben sich und ließ sich kraftlos auf die Bank fallen. An ihrem Wagen hing eine Plastiktüte. Die nahm sie und legte sie neben ihren Platz. Dann bewegte sie sich nicht mehr. Ich machte mir schon Sorgen, ob es ihr nicht gut ging. Aber vielleicht war sie ja auch nur vor Müdigkeit eingeschlafen, beruhigte ich mich.

Einige Zeit später stand der Chor auf und begann, eine Reihe von Gospels und Spirituals zu singen. Nach und nach fingen immer mehr Kirchenbesucher an mitzusingen und mitzuklatschen. Es wurde laut und lebendig in der Kirche.
Da sah ich, wie die alte Frau sich bewegte. Sie fasste neben sich, zog die Plastiktüte auf ihren Schoß und griff hinein. Mir schoss es in den Kopf: „Vielleicht hat sie ihre Herztropfen dabei. Vielleicht braucht sie Sauerstoff." Doch ich sollte mich gewaltig irren. Aus der Tüte zog sie einen Schellenring. Mit ihm schlug sie zuerst zaghaft den Takt zu der lebendigen Gospelmusik, dann immer heftiger.
Und wenige Augenblicke später zuckte ihr Körper im Rhythmus der Musik. Sie war selbst Musik – und zeigte mir mehr über die Glaubenslieder der schwarzen Bevölkerung Amerikas, als es tausend Bücher tun könnten.
Die Seele will tanzen. Das muss nicht immer ein Freudentanz sein, es kann auch ein Tanz der Traurigkeit sein, ein Tanz der Sehnsucht oder der Verzückung, ein Tanz der Hoffnung oder der Liebe. Lassen Sie Ihre Seele hin und wieder tanzen!

47 Sich für andere engagieren

Nächstenliebe üben, Menschlichkeit leben, Gutes tun – das galt in früheren Zeiten für viele als selbstverständliche Pflicht. Die kranke Mutter von sechs Kindern in der Nachbarschaft, der verheerende Brand des Wohnhauses und der Scheune in der Dorfmitte, der geistig Behinderte, der kaum ein Wort sprechen konnte – meistens fanden sich Menschen, die halfen, um wenigstens die größte Not zu lindern.

Seitdem hat sich vieles verändert. Menschlichkeit als Pflicht oder aus Tradition gehört heute überwiegend der Vergangenheit an. Viele haben sich zurückgezogen in ihren Freundeskreis, ihre kleine Welt. Und manche sind völlig damit ausgelastet, sich selbst zu verwöhnen und *Gutes zu tun*, da bleibt keine Zeit mehr, auch noch anderen Gutes zu tun.

Seit den 70er- und 80er-Jahren des vorigen Jahrhunderts spüren viele Vereine, Wohlfahrtsorganisationen und Kirchengemeinden schmerzhaft diese Entwicklung. Es wurde immer schwerer, ehrenamtliche Mitarbeiter zu finden.

Doch inzwischen gibt es wieder ein verstärktes Interesse an sozialem Engagement und ehrenamtlicher

Tätigkeit. Warum? Weil viele Menschen die Erfahrung gemacht haben, wie leer und verkrampft das Leben ist, wenn es sich nur um sich selbst dreht. Und weil sie entdeckten, dass Menschlichkeit und Helfen äußerst guttun können:

Wer hilft, fühlt sich seinen Mitmenschen und der Gesellschaft in besonderer Weise verbunden.

Wer hilft, macht die Erfahrung, etwas Sinnvolles zu tun.

Wer hilft, lernt sich selbst, seine Motive, Träume und Fähigkeiten besser kennen.

Wer hilft, bekommt auf diese oder jene Weise etwas zurück.

Wer hilft, sieht die Welt mit anderen Augen, vielleicht auch mit den Augen der Unterprivilegierten und Hilfsbedürftigen.

Wer hilft, macht ab und zu konkrete Glückserfahrungen.

Und wer hilft, so haben verschiedene Untersuchungen gezeigt, ist meistens auch deutlich gesünder, körperlich und psychisch, als vergleichbare Altersgenossen.

48 Erfolg anders definieren

Der Leistungsdruck in unserer Gesellschaft wird immer größer. Das spüren sogar die Kinder, und zwar bereits in der Grundschule. Sie sollen dort gute Leistungen bringen, bessere Zensuren schreiben als die anderen in der Klasse, damit sie später einmal das Gymnasium besuchen können und es im Leben zu etwas bringen.

Ehrgeizige Eltern sorgen dafür, dass ihre Kinder schon früh Nachhilfe bekommen, intensiv lernen und sich auf den Lebenskampf vorbereiten. Schließlich werden später gute Zeugnisse, ein anspruchsvolles Studium und erstklassige Referenzen erwartet, um einmal den Sprung nach oben zu schaffen.

Oft stellt sich die Frage, ob es den Eltern dabei vor allem um ihre eigenen Sehnsüchte und Träume geht oder tatsächlich um die Kinder. Die werden meist gar nicht gefragt, was sie sich wünschen und was sie vom Leben erwarten.

Für etliche wird der Druck nach der Schul- und Ausbildungszeit noch größer: Sie setzen alles daran, sich in der Firma oder auf dem Arbeitsmarkt gegen die anderen durchzusetzen. Sie wollen mehr Erfolg und mehr Geld. Sie wollen beachtet und bewundert, sie wollen zu Siegern werden. Den *Weg zum Erfolg* oder zum Sieg finden sie in zahllosen Büchern beschrieben, oder sie können ihn in teuren Seminaren erlernen.

Ihre Träume bleiben dabei möglicherweise auf der Strecke. Sie müssen schließlich in das System passen, von dem sie profitieren. Sie müssen die Erwartungen der Gesellschaft erfüllen. Sie müssen *funktionieren.* Und der Druck wird immer noch größer.

Manche warten zum Glück nicht ab, bis es zum Burnout, zur Depression, zur totalen Antriebslosigkeit kommt. Sie fragen sich rechtzeitig: „Muss ich das wirklich alles mitmachen? Nur, um erfolgreich zu sein? Und was bedeutet für mich überhaupt Erfolg?"

Vielleicht lautet ihre Antwort darauf: Ich will nicht erfolgreich sein, sondern glücklich. Oder gesegnet. Oder frei. Und vielleicht sagen sie: Ich suche einen anderen Erfolg als den, der in unserer Gesellschaft propagiert wird.

49 Immer locker bleiben

Sie wünschen sich mehr Einfachheit und Gelassenheit, mehr Lebensfreude und Leichtigkeit? Sie sind bereit, dafür Opfer zu bringen und hart an sich zu arbeiten? Sie suchen intensiv nach Hilfen, dieses Ziel zu erreichen? Sie würden alles dafür tun? Jetzt übertreiben Sie nur nicht! Machen Sie sich keinen Stress mit der Suche nach Stressfreiheit und Gelassenheit! Und nehmen Sie das alles nicht zu ernst!

Es erstaunt mich immer wieder, mit welcher Verbissenheit manche Menschen versuchen, sich von Stress, Druck und aller Verkrampfung zu befreien. Ihnen fehlt bei ihrer Suche jeder Humor, alles Spielerische – und alle Leichtigkeit. Für sie ist im Gegenteil alles bitterernst und anstrengend.

Gelassenheit werden Sie nicht finden, ohne zu lachen, ohne zu tanzen, ohne sich selbst zu vergessen. Ja, vielleicht werden Sie die Gelassenheit nur dann finden, wenn Sie Ihre Suche beenden. Nicht umsonst hat der bekannte Autor Gilbert Keith Chesterton einmal gesagt: „Ständiges Denken über Einfachheit führt dazu, dass man weniger einfach wird."

Sicher haben Sie diese Erfahrung auch schon gemacht, und zwar in den unterschiedlichsten

Bereichen: Was Sie krampfhaft erreichen wollen, bleibt Ihnen meistens versagt – und zwar so lange, bis Sie das Streben danach aufgeben, bis Sie kapitulieren, bis Sie verzichten, und plötzlich geht alles wie von allein.

Vielleicht haben Sie das erlebt bei der wichtigen Prüfung – die konnten Sie erst bestehen, als Sie nicht mehr Ihre ganze Zukunft davon abhängig gemacht haben. Vielleicht war es so bei der großen Liebe, als Ihnen deutlich wurde, dass mit Druck und Verkrampfung nichts gelingen kann. Vielleicht wurden Sie erst wieder gesund, als Sie aufhörten zu kämpfen und Ihre Zukunft getrost und zuversichtlich in Gottes Hand gelegt hatten. Vielleicht begann Ihr Leben erst richtig, als Sie nicht mehr versuchten, alles selbst zu erarbeiten und zu erkämpfen, sondern endlich akzeptierten, dass Ihnen das Leben geschenkt wurde.

„Unsere Kinder sind ja noch im Kindergartenalter", plauderte sie munter über den Zaun mit der Nachbarin, „da tut ihnen das Leben hier auf dem Lande sicher gut. Doch in ein paar Jahren, spätestens, wenn sie in die höhere Schule kommen, ziehen wir in die Stadt. Wir haben uns dort schon einen schönen, lebendigen Stadtteil ausgesucht."

Die Nachbarin schluckte kurz, dann entgegnete sie: „Schade, dass Ihr uns verlasst. Aber hoffentlich noch nicht so bald!"

Susanne redete über ihre tollen Pläne nicht nur mit der Nachbarin, sondern auch mit all ihren Freundinnen und Bekannten. Sie konnte gar nicht genug von ihrem neuen Leben in der Stadt schwärmen.

Jahre später verging kaum eine Woche, in der sie nicht gefragt wurde, wann die Familie denn nun umziehen würde. „Wir lassen uns damit Zeit. Die Stadt läuft uns ja nicht weg." Eigentlich wusste sie selbst nicht, was sie antworten sollte. Ihr Mann und die Kinder fühlten sich hier im Dorf sehr wohl. Die höhere Schule war bequem mit dem Schulbus zu erreichen. Und alle Familienmitglieder hatten hier gute Freunde gefunden.

Susanne jedoch wollte und konnte ihren Traum nicht aufgeben. Schließlich hatten sie und ihr Mann die Entscheidung damals doch gemeinsam gefällt! Und sie hatte es überall erzählt. Wie würde sie jetzt dastehen, wenn es hieße: April, April! Längst fühlte sie sich innerlich zerrissen. Sollte sie darauf drängen, die Pläne zu verwirklichen – oder ihr Gesicht verlieren und bleiben?

Ich wünsche Ihnen, dass Sie die innere Freiheit besitzen, Ihre Pläne, Vorhaben und Träume regelmäßig zu überprüfen: Passen sie noch in Ihre jetzige Situation? Ist vor lauter *Altlasten* überhaupt noch Platz für neue Träume? Die Zeit reicht eben nicht aus, den alten Schuppen umzubauen. Ihnen fehlt das Geld, eine Weltreise zu machen. Sie haben keine Lust mehr, ein Theaterstück zu schreiben. Die Abendschule geht über Ihre Kräfte.

Vielleicht trauen Sie sich zu sagen: „Das war ein schöner Traum. Aber jetzt ist etwas anderes dran!“

51 Zeit für das Wichtigste

Wenn Sie einmal auf Ihr bisheriges Leben zurückblicken, was sind die wichtigsten, kostbarsten Momente, die Ihnen einfallen? Wahrscheinlich doch nicht die Stunden, in denen Sie über Ihren Abrechnungen saßen und alles andere um sich herum vergaßen? Sicher auch nicht die Abende, an denen Sie sich widerwillig vorbereitet haben auf wichtige Gespräche mit Kunden? Und erst recht nicht das Großreinemachen, damals, bevor Sie aus der alten Wohnung auszogen?

Sicher, das alles schien Ihnen damals so *wichtig* oder dringend zu sein. Sie spürten den Druck und haben ihn sich wahrscheinlich selbst gemacht. Sie dachten an nichts anderes und wollten sich auf keinen Fall bei Ihren Aufgaben stören lassen. Wehe, Ihnen wäre etwas dazwischengekommen!

So ähnlich muss es wohl Marta gegangen sein, als sie völlig damit beschäftigt war, den Haushalt zu machen und Jesus zu bedienen. Ihre Schwester Maria dagegen, so wird berichtet, nahm sich Zeit, um Jesus zuzuhören. Das ärgerte Marta. Jesus sagte daraufhin zu ihr: „Marta, Marta, du sorgst und mühst dich um vieles“ (Lukas 10,41).

Viel lieber denken Sie wahrscheinlich an völlig andere Augenblicke zurück. Vielleicht an den ersten romantischen Abend, den Sie mit Ihrem oder Ihrer Liebsten verbracht haben? Damals ließen Sie sich durch nichts abhalten, auch nicht durch eine dringende Abrechnung fürs Finanzamt. Vielleicht denken Sie an das Herumtollen mit den Kindern bei Ihnen im Garten oder beim Ausflug ans Meer? Dafür hätten Sie gern alles andere stehen und liegen gelassen. Oder an das wunderbare Konzert im alten Gutshaus, an die interessante Begegnung mit dem ausländischen Ehepaar, an die Entenfamilie am Fluss, die spannende Diskussion bis tief in die Nacht, das fröhliche Fest mit guten Freunden oder die Umarmung beim Abschied.

Jeder Mensch braucht solche kostbaren Augenblicke. Und es wäre höchst traurig, auch nur einen davon zu versäumen, weil etwas anderes gerade wichtiger erscheint – zum Beispiel die Abrechnung oder das Großreinemachen.

52 Veränderung gestalten

Machen Sie sich auch ab und zu Gedanken über die Zukunft? Fragen Sie sich, ängstlich oder hoffnungsvoll, was in der Zukunft geschieht und was das für Sie bedeutet? Sie können es nicht wissen. Sie wissen nur eines genau: Zukunft bedeutet Veränderung! Die Veränderung kommt, egal, ob Sie das wollen oder nicht. Die Globalisierung wird fortschreiten, ob Sie sich dagegenstemmen oder nicht. Das allgemeine Tempo wird zunehmen, Sie können sich höchstens Ihre *Ruheinseln* schaffen. Die Menschen werden insgesamt älter werden. Und auch Sie werden von Tag zu Tag älter, aber Sie können das Älterwerden für sich aktiv gestalten.

Die entscheidende Frage wird also sein, wie Sie mit all den Veränderungen umgehen. Werden Sie Ihren Platz in der sich verändernden Welt finden, oder werden Sie abseits stehen und den Anschluss verlieren? Werden Sie selbst entscheiden, welche Veränderungen Sie mittragen werden und wo Sie Grenzen ziehen und Ihren eigenen Weg gehen? Werden Sie sich ängstlich gegen alles Neue wehren, oder werden Sie sich mutig den Herausforderungen stellen? Und vor allem: Werden Sie selbst bereit sein, an sich zu arbeiten, sich zu verändern und den Weg des Wachstums, des geistigen und spirituellen Wachstums, zu gehen? Denn wenn Sie nicht bereit sind, Veränderung in Ihrem Leben und Ihrem Umfeld aktiv zu gestalten, wird Ihr Leben Ihnen irgendwann zur Qual werden.

Ich wünsche Ihnen das Vertrauen darauf, dass die Zukunft nicht nur negativ ist, sondern viele gute Lebensmöglichkeiten bietet. Ich wünsche Ihnen einen gesunden Optimismus, ohne jedoch alles durch die rosarote Brille zu sehen. Ich wünsche Ihnen, dass Sie aus Ihren Fehlern lernen und sich auch durch kurzfristige Rückschläge nicht von Ihrem Weg abbringen lassen. Ich wünsche Ihnen Leichtigkeit, Gelassenheit und Humor auf Ihrem Weg, damit Sie sich von der Angst und dem Druck der Mehrheit nicht anstecken lassen.

53 Unterscheiden lernen

Eines der bekanntesten und beliebtesten Gebete stammt – zumindest nach Aussage der meisten Überlieferer – von Friedrich Christoph Oetinger. Es hat schon viele Menschen in schwierigen Situationen begleitet und ihnen geholfen: „Herr, gib mir die Gelassenheit, Dinge hinzunehmen, die ich nicht ändern kann. Gib mir den Mut, Dinge zu ändern, die ich ändern kann. Und gib mir die Weisheit, das eine von dem anderen zu unterscheiden."

Das ist sozusagen der Königsweg für den Umgang mit Problemen, Stress, Druck, Enttäuschungen und Herausforderungen. Allerdings ist dieser Weg nicht so leicht, wie es im ersten Augenblick aussieht. Fast jeder Mensch hat damit zu kämpfen, Dinge wie die folgenden hinzunehmen: Durch die Prüfung gefallen! Das Auto kaputt gefahren! Die Beziehung ist zerbrochen! Der Antrag wurde abgelehnt! Die Wohnung wurde bereits an jemand anderen vermietet! Der Zug ist gerade abgefahren! Zu Hause ist eingebrochen worden! – Was jetzt?

Ärgern und sich selbst oder anderen Vorwürfe machen hilft nicht weiter, im Gegenteil! „Ach, hätte ich doch mehr gelernt! Wie konnte ich nur! Ich kann ohne sie nicht leben! Das ging doch nicht mit rechten Dingen zu! Immer habe ich Pech!“ Je länger Sie dem Verlorenen nachtrauern, desto mehr blockieren Sie sich selbst und umso schwieriger wird Ihre Situation.

Den Königsweg zu gehen, heißt: Was Sie nicht ändern können, das sollten Sie umgehend abhaken. Überlegen Sie, was Sie daraus lernen können – und dann ist Schluss. Was ist, das ist. Das ist zuerst einmal gar nicht leicht, aber das Gute ist: Danach wird es tatsächlich bald viel leichter als gedacht.

Nehmen Sie also das, was Sie nicht ändern können, hin, wie es ist. Sie meinen, das sei ein zu passives Verhalten? Sie wollen lieber etwas tun? Aber sicher, sobald Sie die Angelegenheit abgehakt haben, geht es mit neuem Schwung weiter. Durch das Abhaken werden völlig neue Kräfte freigesetzt.

Und keine Angst: Ihnen begegnen nicht nur Dinge, die Sie hinnehmen und abhaken müssen. Es gibt im Leben auch genügend Dinge, die Sie ändern können. Sicher schon heute! Also frisch ans Werk!

54 Großzügig sein

Wenn ich an die Menschen denke, denen ich in meinem Leben begegnet bin, die alten und jungen, armen und wohlhabenden, dann fallen mir vor allem jene ein, die ich als besonders *großzügig* erlebt habe:

Da war Sven-Ingvar, der Besitzer der alteingesessenen Holzfirma in Schweden, von dem ich bereits erzählt habe und der uns in den ersten Jahren des christlichen Abenteuerlagers (www.abenteuerlager.de) in der Nähe von Lenhovda auf vielfältige Weise geholfen hat. Er verhandelte mit den dortigen Behörden, stellte wichtige Kontakte für uns her, machte uns Mut, wenn die Schwierigkeiten sich häuften – und schenkte uns manche Lastwagenladung Bauholz, als wir begannen, die baufälligen roten Holzhäuser auf dem Gelände des Abenteuerlagers zu renovieren.

Da war Frank, der eine ganze Truppe Musiker vor ihrem großen Auftritt in seinem Haus wohnen ließ, bei der Vorbereitung des Konzerts half und wie selbstverständlich auch die Bewirtung übernahm. Als ich ihm dafür dankte, war es ihm fast ein wenig unangenehm: „Das habe ich doch gern getan!“

Da war die *Frau im Pelzmantel*, die sich so gern unter die Bedürftigen in der Vesperkirche mischte. Dort war es nicht nur schön warm, dort gab es nicht nur genug für alle zu essen – es herrschte dort auch eine tolle Stimmung. Sie liebte die Atmosphäre in dem gefüllten Kirchengebäude. Als sie sich dort mit einer alleinerziehenden Mutter mit ihren vier Kindern anfreundete und erfuhr, dass die Familie noch nie Urlaub gemacht hatte, war es für sie selbstverständlich, etwas zu tun: „Mir geht es gut und dafür bin ich dankbar. Ich komme mit meinem Geld gut aus. Ich lade euch alle ein, einmal gemeinsam einen richtig schönen Urlaub zu machen. Ihr sollt dafür nichts bezahlen müssen."

Großzügige Menschen, so habe ich immer wieder festgestellt, sind auf eindrucksvolle Weise leicht und locker. Sie müssen selbst nicht wohlhabend sein, sind jedoch nicht neidisch, nicht geizig und nicht ängstlich. Sie halten nichts krampfhaft fest und freuen sich von Herzen, anderen etwas von sich geben zu können.

55 Freiheit bewahren

Wie soll eigentlich Gelassenheit möglich sein, wenn wir in tausend Abhängigkeiten gefangen sind? Wie sollen wir zu wirklicher Leichtigkeit finden, wenn wir voller Ängste sind? Wie soll Neues in uns wachsen können, wenn das Alte wie ein Krake mit seinen Armen nach allem in uns greift?

Ab und zu begegne ich Christen, bei denen ich deutlich spüre, dass sie innerlich frei sind. Solche Begegnungen tun einfach gut. Manche dieser Menschen sind von Drogen frei geworden, andere von der Sucht, immer mehr haben und verdienen zu müssen, wieder andere von der ständigen Suche nach Glück oder nach Anerkennung und Bestätigung. Doch auch diese Freiheit steht auf tönernen Füßen, wenn sie nicht immer wieder aktualisiert und mit Leben erfüllt wird. Zu groß ist die Gefahr, sie zu verlieren oder gegen neue Süchte einzutauschen.

Paulus hat das sehr treffend formuliert: „Für die Freiheit hat uns Christus frei gemacht. Darum lasst euch nicht wieder knechten" (Galaterbrief 5,1).

Viele Menschen fühlen sich frei durch die vielen Sicherheiten, die sie wie ein Netz und einen doppelten Boden in ihr Leben eingebaut haben. Doch es sind allenfalls *gefühlte* Sicherheiten. Keine Versicherung kann uns frei machen, kein Bankkonto kann unserem Leben einen Sinn geben. Kein Freundeskreis kann uns davor bewahren, innerlich leer und einsam zu sein.

Unsere *Sicherheiten* nehmen uns dann gefangen, wenn sie zur letzten Grundlage unseres Lebens werden. Unser Fleiß und unermüdlicher Einsatz führen in die Knechtschaft, wenn darin der Sinn unseres Lebens besteht.

Darum ist es eine lebenslange Aufgabe, immer wieder all jenes zu hinterfragen und loszulassen, was uns gefangen nimmt und eng macht: die alten Feindbilder und Autoritäten, die Weinerlichkeit und Selbstgefälligkeit, die sogenannten Sicherheiten. Nur so werden wir frei für die wirkliche Würde und Größe, die in jedem Menschen lebt, auch in uns. Frei – und gelassen.

56 Einfach Mensch sein

Wissen Sie, woher folgendes Zitat stammt: „Geh hin und iss dein Brot mit Freude, trinke deinen Wein mit fröhlichem Herzen." Was meinen Sie? Von einem Schriftsteller, der als Lebenskünstler und Genießer bekannt ist? Von einer lebensbejahenden Psychotherapeutin oder von dem *Winzer des Jahres*? Vielleicht staunen Sie: Der Vers stammt aus der Bibel, und zwar aus dem Buch Prediger in Kapitel 9, Vers 7.

Es sieht ganz so aus, als würde hier deutlich gemacht: Leben und Genießen gehören zusammen, Freude und Menschsein ebenfalls. Vielleicht ergänzen Sie noch: Auch Tanzen gehört zum Leben, Spielen und fröhliches Feiern, Ausruhen und Faulenzen, Musizieren, Lachen und Glück.

Sicher, das Leben ist nicht immer leicht. Der Schmerz kann in schweren Zeiten das Erträgliche übersteigen. Die Not kann entmutigen. Doch es gibt eben auch die andere Seite. Leben kann leicht sein, Leben kann Spaß machen. Leben kann der Himmel auf Erden sein.

Viele Menschen, und zwar gerade auch viele Christen, verbieten sich selbst den Spaß und die

Lebensfreude: „Ich kann doch nicht glücklich sein, wenn woanders Kinder verhungern! Ich kann doch nicht mein Leben genießen, wenn nebenan jemand unglücklich ist! Ich kann doch nicht tanzen, wenn andere im Rollstuhl sitzen!"

Haben Sie manchmal ähnliche Gedanken? Verbieten Sie sich selbst die Freude am Leben? Sie können nicht? Sie haben es nicht verdient? Sie dürfen Ihre Zeit nicht mit nutzlosen Dingen vertun? Machen Sie das Leben doch nicht schwerer, als es ist. Belasten Sie sich nicht mit unnötigen Vorwürfen und falschen Pflichten!

Sie müssen sich nicht schämen, ein Mensch zu sein. Sie müssen sich nicht selbst bestrafen, weil Sie schwach sind und Fehler machen, weil Sie nicht allen Hilfsbedürftigen helfen und nicht alle Aufgaben, die Sie sich selbst gestellt haben, erledigen können.

Genießen Sie das Leben, wo immer es möglich ist. Lachen Sie, haben Sie Spaß, tanzen Sie und freuen Sie sich mit anderen über deren und Ihr eigenes Glück.

57 Egoismus überwinden

Ego ist griechisch und bedeutet *ich*. Es ist die Aufgabe jedes Menschen, so gut wie möglich für sich zu sorgen. Es ist wichtig, sich selbst zu *erkennen*, seinen eigenen Weg zu finden und ein gesundes Selbstbewusstsein zu erlangen.

Ein Problem wird es erst dann, wenn sich fast alles im Leben um das eigene Ego dreht, wenn es nur noch darum geht, sich selbst Gutes zu tun. So ein Egoismus ist nicht nur anstrengend, sondern höchst destruktiv.

Viele Menschen versuchen mit allen Mitteln, sich ihren Wert zu beweisen: Sie arbeiten bis zum Umfallen, versuchen andere auszustechen, bauen pausenlos an ihrem eigenen Denkmal und sichern sich mit allen Tricks ab. Sie kreisen ständig um sich selbst. Warum? Weil sie im tiefsten Grunde ängstlich und unsicher sind. Weil sie sich in dieser Welt heimatlos fühlen. Weil sie sich nach Liebe sehnen. Weil sie innerlich leer sind.

Manchen hilft da ein Wort Jesu weiter: „Wer sein Leben findet, wird es verlieren. Und wer es meinetwegen verliert, wird es finden“ (Matthäus 10,39). Wer ständig um sich selbst kreist, wird nur ein leeres Ego

finden, mehr nicht. Wer aber dieses leere Ego loslässt und erkennt, wer er wirklich ist, wird in Wahrheit leben.
Egoisten stehen ständig unter Strom. Sie müssen schließlich auf jede Art und Weise für sich sorgen. Sie dürfen nicht die Kontrolle verlieren. Sie müssen sich selbst groß machen. Sie müssen darum kämpfen, ein möglichst großes Stück vom Kuchen abzubekommen.
Einfacher und wirklich erfüllt kann das Leben eines Menschen nur werden, wenn es *weiter* wird: Es gibt nicht nur das Ego, es gibt auch andere Menschen – liebenswerte und anstrengende, interessante und wundersame, mitfühlende und engagierte. Es gibt eine wunderbare Welt, für die es sich lohnt, sich einzusetzen. Es gibt Glauben und Hoffnung, Lachen und Liebe. Nur, wenn ein Mensch die Enge des Egoismus verlässt und in die Weite des Lebens tritt, wird der verbissene Kampf um *Mehr* ein Ende haben.

58 Nur für heute

Von Papst Johannes XXIII., der vor allem bei dem *einfachen* Volk äußerst beliebt war und noch heute, lange nach seinem Tod, von vielen verehrt wird, sind seine *zehn Gebote der Gelassenheit* überliefert. Sie werden immer wieder gern zitiert. Jedes dieser zehn Gebote beginnt mit den Worten: „Nur für heute". Zum Beispiel heißt es im ersten Gebot: „Nur für heute werde ich mich bemühen, den Tag zu erleben, ohne das Problem meines Lebens auf einmal lösen zu wollen." In anderen Geboten heißt es: „Nur für heute werde ich eine gute Tat vollbringen …" oder: „Nur für heute werde ich fest glauben …" oder: „Nur für heute werde ich keine Angst haben …"

„Nur für heute", vielleicht ist es das, was wir brauchen. Viel zu oft legen wir uns selbst die Last eines langen Zeitraums auf die Schultern. Wir wollen etwas Großes leisten, einen festen Glauben haben, unsere sämtlichen Probleme lösen. Wir machen uns Gedanken über morgen, über das nächste Jahr, über die Zukunft der Kinder, über den Ablauf des Darlehensvertrages in zwölf Jahren und über die Altersversorgung. Wir denken an den vierten Schritt und den hundertsten und den letzten. Dabei wissen wir sehr genau, dass jede Sache, jede Aufgabe, jedes Vorhaben mit dem ersten Schritt beginnt – und jeden Tag wieder mit dem ersten Schritt.

„Nur für heute", können Sie sich damit anfreunden? Nur für heute werden Sie Ihre Kraft mobilisieren, ohne zugleich die Last der nächsten Tage auf sich zu nehmen. Nur für heute werden Sie versuchen, Ihrer Arbeitskollegin freundlich zu begegnen, ohne sich die Frage zu stellen, ob Ihnen das morgen und übermorgen auch gelingen wird. Nur für heute werden Sie sich Zeit für ein ruhiges, gemütliches Frühstück nehmen, ohne dasselbe für alle Zukunft garantieren zu müssen. Nur für heute werden Sie mit Gottvertrauen in den Tag gehen, ohne an mögliche Rückschläge in Ihrem *Glaubensleben* zu denken.

Nur für heute werden Sie die Lasten tragen, die nicht zu vermeiden sind. Und Sie werden feststellen, dass es sich erstaunlich leicht anfühlt.

59 Die eigenen Schwächen akzeptieren

Jeder, aber auch wirklich jeder Mensch hat Schwächen und Stärken. Und bis zu einem gewissen Grad ist es uns möglich, an unseren Schwächen zu arbeiten. Wem es schwerfällt, auf seinem Schreibtisch oder in seiner Wohnung Ordnung zu halten, kann versuchen, alles immer sofort an den richtigen Platz zu legen, damit Chaos vermieden wird. Wer Angst hat, öffentlich zu reden, kann ein Trainingsprogramm beginnen, um nach und nach diese Angst zu verlieren und an Selbstsicherheit zu gewinnen. Vielleicht hat er damit sogar Erfolg.
Doch es gibt Schwächen, die zu uns gehören und die auch unter großen Anstrengungen nicht zu überwinden sind. Wer seine Arbeit nur *langsam* erledigen kann, weil ihn das Tempo der anderen überfordert, muss damit leben. Doch vielleicht ist seine Langsamkeit zugleich auch eine Stärke, weil ihm weniger Fehler unterlaufen als den anderen. Wer nicht ständig drauflos plaudern und interessant erzählen kann oder mag, wird hoffentlich irgendwann akzeptieren, dass er nicht so oft wie andere im Mittelpunkt steht. Doch vielleicht ist diese *Schwäche* auch eine besondere Stärke, weil er als Gesprächspartner

geschätzt wird, der gut zuhören kann, vertrauenswürdig ist und dem man gern sein Herz ausschüttet. Der Stress, immer wieder gegen die eigenen Schwächen anzukämpfen, tut auf Dauer niemandem gut. Vielleicht haben Sie irgendwann akzeptiert, dass Sie zwei *linke* Hände haben, kein Spitzensportler sind, sich in fremden Städten nur schwer orientieren können oder Probleme damit haben, Ihre Gefühle zu zeigen. Sie müssen nicht alles können, Ihnen muss nicht alles gelingen und Sie müssen nicht an jeder Tätigkeit Spaß haben.

Vielleicht erinnern Sie sich daran, was für eine Entlastung es für Sie bedeutete, als Sie akzeptierten: Ich sage Ja zu mir. Ich bin so, wie ich bin, wunderbar geschaffen – ein Mensch mit seinen Schwächen, aber auch mit vielen Stärken. Und für diese Stärken bin ich jeden Tag neu dankbar.

60 Mit den Tiefen leben

Vieles in unserem Leben können wir langfristig planen. Wir können uns vornehmen, im Sommer zwei Wochen Urlaub zu machen und so gut wie möglich auszuspannen und uns zu erholen. Wir können uns fortbilden, um beruflich aufzusteigen. Wir können uns darauf freuen, das Leben mit dem geliebten Menschen zu verbringen und zu genießen.

Doch manches können wir nicht beeinflussen. Es trifft uns womöglich völlig unerwartet: Der geliebte Mensch wird schwer krank. Wir verlieren unsere Anstellung, weil die Firma Insolvenz anmelden muss. Wir müssen aus unserer Wohnung ausziehen, weil der Vermieter auf Eigenbedarf klagt. Der Urlaub fällt ins Wasser, weil das Auto kaputt ist und das gesparte Geld für die Reparatur verwendet werden muss.

So kann das Leben aus dem gewohnten Rhythmus geraten. Das kann uns völlig aus der Bahn werfen. Es kann die bisherige Leichtigkeit wegpusten und uns auf bisher unbekannte Weise belasten und niederdrücken. Vielleicht fühlen wir uns irritiert und unsicher, hilflos und klein.

Jetzt kommt es darauf an, wie wir uns dem Geschehen stellen. Wenn wir weglaufen oder den Kopf in den Sand stecken, werden wir auf Dauer völlig aus dem Gleichgewicht geraten und unter einer großen Last leiden. Wir werden immer weniger lebendig sein. Wir werden im Tief gefangen sein und es womöglich nie wieder verlassen.

Auch die Tiefen gehören zum Leben, das sollten wir eigentlich längst verstanden haben. Das ist vielleicht schwer zu akzeptieren, aber es gibt dazu keine gesunde Alternative. Jetzt ist die Zeit, wichtige Wachstumsschritte zu gehen und unsere persönlichen Lektionen zu lernen. Es ist die Zeit, neue Perspektiven zu gewinnen. Es ist die Zeit, alte, überholte Überzeugungen loszulassen und uns neu dem Leben zu stellen. Nur so kann die Last auf unseren Schultern nach und nach leichter werden. Vielleicht ist es auch die Zeit, unsere *Vertrauensfühler* neu auszustrecken, um die wunderbare Erfahrung zu machen, dem Leben oder Gott völlig neu vertrauen zu können.

61 Spaß haben

Als wir Kinder waren, wussten wir sehr genau, was wir gern taten und was uns Spaß machte. Wir gingen jeden Sommer im Badeteich schwimmen und waren auf dem Weg dorthin voller Vorfreude, wir liebten die alte Burg auf dem Berg, spielten stundenlang mit den Nachbarskindern im Park, beschäftigten uns begeistert mit kniffligen Aufgaben, bis wir die Lösung gefunden hatten, und lasen abends im Bett heimlich mit einer Taschenlampe aufregende Abenteuerbücher.

Irgendwann auf unserem Lebensweg ging der Spaß verloren. Und auch richtige Freude erlebten wir nur noch selten. Im Gegenteil, wir taten immer häufiger Dinge, die uns überhaupt keinen Spaß machten. Wir arbeiteten verbissen, um voranzukommen und mehr Geld zu verdienen. Wir redeten klug, um anderen zu imponieren. Wir gingen aus, um uns abzulenken. Wir setzten uns vor den Fernsehen und sahen zu, wie andere uns Leben vorspielten, statt selber kreativ und lebendig zu sein. Und allzu häufig redeten wir vom Spaß und von der Freude am Leben, aber meinten in Wirklichkeit unsere Angst oder unsere Bequemlichkeit.

Wissen Sie noch, was Ihnen wirklich Spaß bringt? Können Sie sich einer Sache begeistert hingeben? Können Sie sich noch über etwas von Herzen freuen? Ich hoffe, Sie werden eine Antwort auf diese Fragen finden. Lassen Sie sich ruhig Zeit zum Überlegen.

Sie erinnern sich vielleicht daran, wie Ihnen kürzlich jemand gesagt hat: „Deine Augen leuchten ja richtig!", „Du kannst ja lachen!" oder: „So begeistert habe ich Sie noch nie erlebt!" Waren das womöglich Hinweise darauf, dass Ihr inneres Kind immer noch ausgelassen, fröhlich und begeistert sein kann? Vielleicht finden Sie heraus, wo Sie sich selbst, Ihren Dispositionskredit und den kaputten Geschirrspüler vergessen können und – einfach Spaß haben und glücklich sind! Ohne solche fröhlichen, unbeschwerten Augenblicke werden Anstrengung, Kampf, Stress und Druck alles andere in Ihrem Leben überschatten. Gelassenheit ohne Lachen, ohne Spaß und ohne Freude gibt es nun einmal nicht!

62 Gute innere Bilder

Die meisten Menschen, die fröhlich und gelassen durchs Leben gehen, verfügen über positive innere Bilder. Solche Bilder können zu zuverlässigen, aufbauenden Begleitern werden. Für viele ist zum Beispiel das Gedicht *Stufen* von Hermann Hesse so ein bildhafter Begleiter geworden, gerade in Zeiten des Wandels und der Veränderung. Es geht darin um die notwendigen Abschiede und die anschließenden neuen Anfänge, die zu einem erfüllten Leben gehören. „Und jedem Abschied", so ermutigt der Autor die Zaghaften, „wohnt ein Zauber inne."

Für andere ist der Psalm 23 gerade in schwierigen Situationen zu einem echten „Vertrauenstext" geworden: „Der Herr ist mein Hirte, mir wird nichts mangeln ..."

Meine Mutter ist in Stettin in einem Pfarrhaus aufgewachsen. Lange vorher wirkte in der Stadt der große Kirchenmusiker Carl Loewe. Sein Name und seine Werke waren zur Zeit meiner Mutter immer noch sehr bekannt. Eines seiner Musikstücke ist *Die Uhr*, die er nach einem Gedicht von Gabriel Seidel komponiert hat. Für meine Mutter war *Die Uhr* das Bild, das sie ihr Leben lang bis zuletzt begleitete.

Ich trage, wo ich gehe, stets eine Uhr bei mir.
Wie viel es geschlagen habe, genau seh ich an ihr.
Es ist ein großer Meister,
der künstlich ihr Werk gefügt …

Etwas weiter heißt es:

Sie schlug an der Wiege des Kindes
und schlägt, wills Gott, noch oft,
wenn bessere Tage kommen,
wie meine Seele es hofft …

Und dann, als die Uhr nicht mehr geht:

Dann gäb ich sie ihm zurück …
Sieh, Herr, ich hab nichts verdorben,
sie blieb von selber stehn.

Welches Bild begleitet Sie durch Ihr Leben?

63 Verletzungen heilen lassen

Wenn es uns schlecht geht, oder wenn wir bedrückt sind und in umserem Leben nur noch Probleme sehen, wenn wir uns selbst und unser Verhalten nicht mehr verstehen, finden wir schnell die Schuld bei anderen, die uns in der Vergangenheit übel mitgespielt haben.
Unser Vater war entweder abwesend und nicht an uns interessiert, oder er war übermächtig und hat uns nie selbst entscheiden lassen. Unsere Mutter hat uns überversorgt, sie hat geklammert und konnte uns nicht loslassen. Eine Lehrerin hat gesagt, wir seien völlig unfähig und würden es nie im Leben zu etwas bringen. Ein Freund hat uns betrogen und sich danach nie wieder blicken lassen. Ein Nachbar hat uns tyrannisiert und ist wegen jeder Kleinigkeit vor Gericht gezogen. Eine Arbeitskollegin hat uns gemobbt, um an unseren Job zu kommen. Eine Freundin hat uns vor allen anderen lächerlich gemacht. Unser Partner hat uns verlassen, obwohl wir ihm dafür keinen erkennbaren Grund gegeben haben.
Wir sind zum Opfer geworden oder haben uns selbst dazu gemacht.

Natürlich hat es damals wehgetan, keine Frage. Unsere Wut ist absolut berechtigt. Aber auch die schwerste Verletzung muss einmal heilen, sonst beeinträchtigt sie uns unser Leben lang. Eigentlich wollen wir mit unserer Wut, mit unseren Verletzungen den *Gegner* strafen, den abwesenden Vater, den treulosen Freund oder die hinterhältige Arbeitskollegin. Doch in Wirklichkeit treffen wir nur uns selbst. Wir machen uns das Leben unnötig schwer. Wir laden uns eine Last auf, die wir anderen unter großen Mühen nachtragen. Wir nehmen uns selbst jede Leichtigkeit und Fröhlichkeit. Wir leiden unter unseren Verletzungen.

Deshalb ist es höchste Zeit, die Wut zu überwinden, die Verletzungen heilen zu lassen und die elende Opferrolle aufzugeben. Es ist höchste Zeit, uns selbst zu lieben und zu achten. Dann können wir damit aufhören, voller Selbstmitleid in die Vergangenheit zu schauen. Unser Blick kann sich wieder nach vorne richten.

64 Niemals *alles* geben

Wir wollen alles dafür tun, um glücklich und zufrieden zu sein, nicht wahr? Wir wären bereit, alles und noch viel mehr für dieses große Ziel zu geben. Doch wenn wir länger darüber nachdenken, dann fragen wir uns: Ist das wirklich sinnvoll, ist *alles* nicht zu viel?

Wir sind bereit, alles für den geliebten Menschen zu tun, so haben wir gedacht und es vielleicht sogar versprochen. Doch ist *alles* wirklich gut, gut für ihn und gut für uns? Würden wir ihn damit nicht entmündigen oder erdrücken? Würden wir damit nicht das Gegenteil von dem erreichen, was wir eigentlich wollten?

Wir würden alles dafür tun, ein guter Mensch zu sein? Was für eine schreckliche Vorstellung! Wenn wir wirklich alles für dieses Ziel tun würden, wenn wir nur noch *das eine* im Sinn hätten, wären wir für unsere Mitmenschen nicht mehr zu ertragen.

Wir würden alles dafür tun, um locker und gelassen zu sein? Vielleicht deshalb, weil unser Leidensdruck so groß geworden ist und wir den Stress, den Krampf und die Enge nicht mehr aushalten? Wahrscheinlich würden wir damit genau das Gegenteil

erreichen und schließlich völlig verkrampft und verbissen sein.
Es gibt Ziele, die Sie unbedingt erreichen wollen? Und Sie wären bereit, alles dafür zu tun? Alles ist immer zu viel. Alles hieße, dass Sie auch Ihren Glauben, Ihre höchsten Werte, Ihr Selbstwertgefühl und Ihre Zukunft für eine Sache oder einen Menschen opfern würden.
Sie müssen akzeptieren, dass Sie nichts, aber auch wirklich nichts im Leben erzwingen können. Kein Friede ist um jeden Preis zu erreichen, vor allem nicht mit Krieg und Gewalt. Kein Glück ist durch übermenschliche Anstrengung zu gewinnen. Und Leichtigkeit und Gelassenheit sind niemals mit Druck oder Kampf zu erreichen.
Um ein Ziel zu erreichen, werden Sie Opfer bringen müssen, das ist klar. Sie werden sich auf anderen Gebieten einschränken, Sie werden auf manches verzichten. Aber niemals werden Sie alles dafür tun, alles mit sich machen zu lassen oder alles andere aufzugeben.

65 Mit dem Geld haushalten

Für viele Menschen ist es heute völlig selbstverständlich, sich alle möglichen teuren Wünsche auf Kredit zu erfüllen. Überall ist zu lesen: „Zahlen Sie in 72 bequemen Raten“ oder „Jetzt kaufen, nächstes Jahr bezahlen“. Das sind Versuche vieler Firmen, bereits an das Geld zu kommen, das noch gar nicht verdient ist. Und es ist nichts Anrüchiges mehr dabei, solche Angebote anzunehmen.

Der Staat macht es vor und setzt immer neue Maßstäbe. Jahr für Jahr häuft er mehr Schulden an. Ein immer größerer Teil seiner – und damit auch unserer – Ausgaben wird allein für die Schuldzinsen benötigt. In etlichen Ländern zeigt sich bereits, dass das auf Dauer nicht gut gehen kann.

In vielen Familien ist Geld ständig das Thema Nummer eins, weil zu viel ausgegeben wird. Immer mehr Menschen leben über ihre Verhältnisse. Sie geben dauerhaft mehr aus, als sie verdienen. Sie verschulden sich, weil sie rauchen, ein teures Auto fahren, zu häufig verreisen, zu viele Anschaffungen machen, stets mit der neusten Mode gehen und lauter unnötige Dinge kaufen. Wie viele Familiendramen und persönliche Katastrophen sind allein darauf

zurückzuführen! Wie oft gibt es Streit wegen des Geldes!
Wäre dieser wahnsinnige Druck, diese ständige Anspannung, nicht vermeidbar? Sind die nächtlichen Angstattacken wirklich schicksalshaft bedingt? Muss alles immer größer, immer teurer, immer luxuriöser sein?
Es wird Ihnen guttun, wenn Sie sich regelmäßig fragen: Wo kann ich meine Ansprüche herunterschrauben? Wo kann ich Verzicht üben? Wo kann ich sinnvoll sparen? Dabei müssen Sie sich nicht überfordern und alles auf einmal angehen. Aber viele kleine Schritte führen auch zum Ziel: Vielleicht reicht ein kleineres Auto, die Couchgarnitur könnte noch gut einige Jahre ihren Dienst tun, Sie könnten einmal weniger ins Restaurant gehen und die Heizung muss auch nicht ständig laufen …
Und bald stellen Sie fest: Sie müssen nicht alles haben, was Ihnen angepriesen wird. Sie müssen nicht immer mithalten. Sie können frei werden von Geldsorgen und das Leben auch kostengünstig genießen. Und bald können Sie wieder gut schlafen!

66 Die eigene Kraft nutzen

Eine alte Legende, die vor Jahren von Velma Wallis nacherzählt wurde (Velma Wallis, *Zwei alte Frauen*, München 1998), handelt von einem Nomadenstamm im Norden Alaskas. Für die Eingeborenen war es wichtig, dass sie ihrer Nahrung folgten, denn sie konnten es sich nicht leisten, einfach nur dazusitzen und darauf zu warten, dass die Nahrung zu ihnen kam. Ein solch bequemes Verhalten hätte den sicheren Tod bedeutet.

Zu diesem Stamm gehörten zwei alte Frauen, Ch'idzigyaak und Sa'. Die gingen mitleiderregend an Stöcken und wurden von den übrigen Stammesmitgliedern versorgt. Trotzdem fielen sie dadurch auf, dass sie ständig über ihre Wehwehchen klagten.

In einem besonders harten Winter, als der ganze Stamm schon seit Wochen Hunger litt, entschied der junge Häuptling schweren Herzens, die beiden *hilflosen* Alten zurückzulassen. Apathisch nahmen beide ihr fast sicheres Todesurteil an und blieben völlig alleine in der beißenden Kälte zurück. Erst Stunden später durchbrach Sa' die Stille und meinte, dass sie sterben würden, wenn sie weiter so dasaßen und warteten.

So versprachen sie sich gegenseitig, nicht einfach aufzugeben. Sie sorgten für Feuer und stellten einfache Tierfallen her. Sie zwangen ihre alten Körper zur Bewegung und stellten erstaunt fest, was für ein verwöhntes Paar sie doch bis vor Kurzem gewesen waren. Sie besannen sich auf ihre alten Fähigkeiten und staunten selbst, was ihnen noch alles gelang.
Sie bauten ihr einfaches Zelt auf, errichteten zur Isolierung hohe Schneewände drum herum und legten Kaninchenfallen aus. Sie waren stolz auf das, was sie bisher geleistet hatten – ein Gefühl, das ihnen schon lange fremd war.
Sa' und Ch'idzigyaak, bisher zwei zänkische Alte, wuchsen immer mehr zusammen und fanden bald großes Vertrauen und echte Zuneigung zueinander.
Wenn wir nur die eigenen Schwächen sehen, kommen wir mit unserem Leben nicht zurecht. Irgendwann versinken wir in Angst, Sorge und Passivität. Wie gut, dass wir uns – in jedem Lebensalter – an die Kraft erinnern dürfen, die in uns steckt!

67 Das Gute erkennen

Als kleiner Junge las Abraham Lincoln den Satz: „Die Menschen murren, weil keine Rose ohne Dornen wächst, warum danken sie eigentlich nicht dafür, dass Gott auf dornigen Stängeln so schöne Rosen wachsen lässt?" Dieser Satz hat ihn, den späteren amerikanischen Präsidenten, sein Leben lang begleitet. Er hat ihm geholfen, auch in schwierigen Situationen den Blick für die guten Möglichkeiten zu gewinnen und ein dankbarer, zufriedener und innerlich reicher Mensch zu sein.

Es kommt auf die Einstellung an. Das gilt in gewissem Maße auch für den Stress. Positiver Stress (Eustress) hat etwas mit Freude und Begeisterung zu tun: Wir freuen uns auf die anstehenden Aufgaben, erledigen sie gern und sehen die positiven Möglichkeiten unserer Tätigkeit. Wir wissen, dass wir etwas erreichen können und stellen uns das bildhaft vor.

Negativer Stress (Disstress) hat etwas damit zu tun, dass wir uns überfordert fühlen und den Eindruck haben, dass alles zu viel wird. Wir sehen vor allem das Negative bei unserer Tätigkeit: Wir schaffen es ja doch nicht! Alles läuft schief! Die Konkurrenz ist sowieso viel besser. Warum quälen wir uns eigentlich so? Es lohnt sich ja doch nicht.

Auch wenn die äußeren Voraussetzungen bei zwei Menschen ähnlich sind, kann ihre Einstellung den entscheidenden Unterschied bedeuten. Einer sieht das Ziel vor Augen, der andere entdeckt vor allem Hindernisse, Schwierigkeiten und Probleme. Einer sieht die Dornen und hat Angst, sich zu stechen, der andere sieht die Rosen und erfreut sich an ihrem Anblick.

Versuchen Sie doch einmal, heute Abend auf den Tag zurückzublicken und in besonderer Weise an die positiven Dinge zu denken, die guten Begegnungen, die lustigen Momente, die kleinen Erfolge und vieles mehr. Nein, zählen Sie nicht die Dornen, sondern die Rosen. Und vielleicht drücken Sie Ihre Dankbarkeit über die Rosen in einem kurzen Gebet aus: Gott, ich danke dir für alles Gute, das mir heute begegnet und geschehen ist.

68 Weniger – aber dafür intensiver

Überall glaubten wir, dabei sein zu müssen. Alles mussten wir versuchen. Hiermit mussten wir uns unbedingt beschäftigen und damit. Das mussten wir noch lernen und jenes. Diese Veranstaltung mussten wir besuchen und viele andere auch. Mit unzähligen Menschen wollten wir regelmäßig Kontakt haben und über jede Neuigkeit mussten wir uns informieren.

Sie haben das wahrscheinlich selbst erfahren – oder erleben es heute noch. Sie kennen es von Freunden und Verwandten, Nachbarn und Kollegen. Die halbe Welt scheint von diesem Bazillus befallen zu sein: Wir müssen mit den Kindern wieder in den Freizeitpark, man muss ihnen schließlich etwas bieten. Und zur Kinderuniversität in den Ferien. Wir gehen zum Straßenfest und lesen jeden Tag die Zeitung von vorne bis hinten. Wir sind im Vereinsvorstand, helfen im Kindergottesdienst und lassen unsere Lieblingsserie im Fernsehen möglichst niemals ausfallen. Wir sind beim Sommerfest dabei und besuchen drei verschiedene Weihnachtsfeiern. Wir suchen auf Flohmärkten nach Schnäppchen und lieben das monatliche Feierabendshopping.

Irgendwann wird uns hoffentlich deutlich: Das ist eindeutig zu viel. Ständig ärgern wir uns darüber, dass wir nicht alles schaffen, was wir uns vorgenommen haben. Wir können nichts richtig verarbeiten. Die vielen verschiedenen Eindrücke überfordern uns. Das meiste rauscht an uns vorbei. Kaum etwas berührt uns tief und dauerhaft. Wir tun alles, aber nichts richtig.
Wie können Sie dieser Falle entkommen? Vielleicht werden Sie in Zukunft deutlich weniger tun. Denn weniger kann *mehr* sein. Sie müssen und wollen nicht mehr überall dabei sein. Sie müssen nicht mehr alles wissen. Aber das, was Sie tun, tun Sie intensiver als bisher. Sie nehmen sich mehr Zeit für das, was Sie wirklich interessiert und was Ihnen wichtig ist. Sie haben weniger Kontakte als bisher. Aber jeder einzelne bereichert Ihr Leben. Sie wählen bewusst aus. Sie genießen, was Sie tun. Und öfter als bisher werden Sie tiefer graben, der Sache auf den Grund gehen und neue Begeisterung erfahren.

69 Sich innerlich entrümpeln

Spüren Sie auch ab und zu, dass die Zeit gekommen ist, bei Ihnen zu Hause wieder einmal aufzuräumen? Vielleicht merken Sie es daran, dass Sie viele Dinge nicht mehr finden können. Vielleicht fühlen Sie sich eingeengt und belastet. Vielleicht haben Sie das Gefühl, nicht mehr frei atmen zu können.

Manchmal wird es bereits reichen, den Keller auszumisten, die alten, nicht mehr gebrauchten Kleidungsstücke auszusortieren und auf Ihrem Schreibtisch wieder Platz zu schaffen. Wenn das nicht reicht, müssen Sie sich vielleicht auch von alten Erinnerungsstücken trennen, deren Anblick Sie ärgert oder schmerzt. Oder Sie trennen sich von einem Möbelstück, das nur noch im Weg steht.

Es kann sein, dass es Ihnen nach dieser Aktion wieder gut geht. Sie atmen tief durch und genießen die neue Leichtigkeit. Auch in Ihnen hat sich fast automatisch manches neu geordnet. Das war auch höchste Zeit!

Sie spüren, dass die Aufräumarbeiten immer noch nicht beendet sind? Sie fühlen sich belastet durch quälende Erinnerungen, schmerzhafte Erfahrungen und immer wiederkehrende Ängste? Dann ist es Zeit, dass Sie auch in Ihrem Innern aufräumen.

Die alten Pläne und Ideen, die Ihnen früher einmal so viel bedeutet haben, sind heute nur noch eine Last? Dann schaffen Sie Platz für Neues. Begraben Sie Ihre längst überholten Pläne, vielleicht sogar wörtlich, indem Sie Ihre alten Träume und Vorhaben auf ein Blatt Papier schreiben und es dann verbrennen oder vergraben.
Die alten Verletzungen, unter denen Sie immer noch leiden, brauchen Sie nicht mehr. Sie tun Ihnen nicht gut. Also verlassen Sie die Opferrolle und kehren ins Leben zurück. Vergeben Sie Ihren Mitmenschen, was Sie Ihnen *angetan* haben. Sie werden feststellen, dass Sie auch ohne das Mitleid der anderen („Du hast es ja so schwer!“) gut leben können.
Auch Ihre Vorbehalte, Ihre ständigen Vorwürfe, Ihre elenden Verstrickungen gehören auf den Müll Ihrer eigenen Geschichte. Spüren Sie schon die Erleichterung?

Gottvertrauen

Manchmal stelle ich mir vor, es würde keinen Gott geben. Die Entstehung der Welt, der Sonne, der Erde, der Pflanzen und Tiere – alles nur Zufall. Und auch der Mensch könnte nicht einem liebevollen Gott vertrauen, sondern wäre Ergebnis einer kalten, herzlosen Entwicklung. Ich würde mich völlig verloren fühlen in der Weite des Weltalls und in der unerbittlich fortschreitenden Zeit.
Ich bin dankbar, dass ich fest daran glaube, dass Gott mir nah ist, auch jetzt, dass er mich liebevoll geschaffen hat, dass er mich begleitet und hält. Der Psalm 139 sagt das auf wunderbare Weise. Ich habe ihn neu übertragen und gekürzt:

Herr, du kennst mich genau.
Egal, ob ich sitze oder aufstehe, du weißt es.
Du kennst jeden meiner Gedanken.
Ob ich gehe oder liege, du weißt es.
Du kennst jeden meiner Wege.
Ich spreche kein einziges Wort,
von dem du nichts weißt.
Du umgibst mich von allen Seiten
und hältst schützend deine Hand über mir.

Ich kann es kaum begreifen.
Würde ich zum Himmel fliegen –
du wärest schon da.
Würde ich bei den Toten liegen,
auch dort wärest du.
Würde ich über die Meere reisen
bis ans Ende der Erde –
auch dort würde deine Hand mich halten.
Wie schwer zu fassen sind deine Gedanken,
wie groß ist ihre Zahl!
Wenn ich sie zählen wollte,
so wären sie zahlreicher als alle Sandkörner.
Am Ende bin ich noch immer bei dir.
Ich danke dir.

Schwere Zeiten akzeptieren

Der Mensch ist Mensch, und in seinem Leben geht es auf und ab. Das sagt sich so leicht. Aber dann liegt er plötzlich im Krankenhaus und weiß nicht, wie es weitergehen soll. Er kann nur hoffen und beten. Er fühlt sich den Ärztinnen und Ärzten, den Maschinen, seinem eigenen Menschsein, dem Schicksal und Gott ausgeliefert. Er kann selbst nur noch sehr bedingt etwas tun.
Der Mensch ist Mensch. Und manchmal mag er sich selbst nicht. Er leidet unter Erinnerungen aus der Kindheit, von denen er sich nicht lösen kann. Er leidet darunter, dass er nicht über seinen eigenen Schatten springen kann. Er leidet unter seiner Trägheit, die er täglich neu verflucht. Er leidet unter seinen Gewohnheiten, die weder ihm noch seinen Mitmenschen guttun.
Der Mensch ist Mensch, und in seinem Leben geht es auf und ab. Wahrscheinlich ist er erst dann richtig erwachsen, wenn er das akzeptiert hat. Es gibt eben nicht nur Erfolge. Es gibt nicht nur glückliche Augenblicke. Es gibt nicht nur den Himmel auf Erden. Es gibt nicht nur Harmonie und gute Nachrichten. Es wird nicht alles gut.

Der Mensch ist Mensch – nicht mehr, aber vor allem auch nicht weniger.

Wenn ich auf meinen Lebenslauf zurückblicke
und auf die unterschiedlichen Wegabschnitte schaue,
dann wird mir eines klar:
Die Wege, die ich am liebsten umgangen hätte,
schwierige Wege voller Steigungen,
unbequeme Wege, schmale Wege,
unüberschaubare Wege in ein neues Gebiet –
sie stellten sich hinterher
oft als die für mich besten Wege heraus.
Auf ihnen habe ich gelernt,
Ängste und Bequemlichkeit zu besiegen,
Herausforderungen anzunehmen
und mit ihnen umzugehen.
Auf ihnen habe ich mich selbst kennengelernt,
meine Grenzen und viele meiner Möglichkeiten.

2 Nicht perfekt sein müssen

„Nobody is perfect“, niemand ist perfekt, diesen Spruch haben wir schon viele Male irgendwo abgedruckt oder an einer Wand hängen gesehen, häufig im Zusammenhang mit einer mehr oder weniger witzigen Zeichnung von einer etwas dümmlich grinsenden Person. Aber es stimmt ja. Niemand ist perfekt, sonst gäbe es nicht so viele Probleme auf der Welt, sonst würde es die Worte Fehler, Vergebung, Entschuldigung und viele andere nicht geben.

Trotzdem scheinen die meisten Menschen der Meinung zu sein, perfekt sein zu müssen. Die folgenden *Ideale* begegnen uns schließlich ständig und fast überall:

Frauen sollen sich im Beruf bewähren und Führungspositionen bekleiden, zugleich sollen sie auch noch gute Liebhaberinnen und perfekte Mütter sein. Sie sollen modebewusst sein, aber nicht übertrieben, feminin und durchsetzungsfähig, locker und strukturiert, bescheiden und selbstbewusst. Gibt es das?

Männer sollen treu sein, charmant und witzig, stark und sensibel. Sie sollen sportlich sein, handwerklich begabt, kommunikativ und ehrlich. Sie sollen gute

Väter sein, beruflich erfolgreich, sollen Elternzeit nehmen und im Haushalt regelmäßig mitarbeiten. Gibt es das?
Menschen, die in sozialen Berufen arbeiten, sollen in ihrem Bereich höchst kompetent sein, zugleich menschlich und einfühlsam, immer fröhlich und ausgeglichen. Sie sollten fleißig Berichte schreiben und sich zugleich viel Zeit für den Einzelnen nehmen. Gibt es das?
Christen sollen zu jedem Menschen liebevoll sein, die Gebote halten, ein intensives Gebetsleben pflegen, täglich in der Bibel lesen, sich in der Gemeinde engagieren, aber auch in der Gesellschaft Aufgaben suchen. Sie sollen verzeihen, erklären, aber nicht belehren, gastfreundlich sein, Gemeinschaft suchen und aus der Stille leben. Gibt es das?
Machen Sie ein Ende mit dem Druck, perfekt sein zu wollen. Sie tun sich und Ihren Mitmenschen den größten Gefallen, wenn Sie *Sie selbst* sind – ein ganz normaler, wunderbarer Mensch mit Schwächen und Stärken.

3 Endlich anfangen

Aufschieben ist eine weitverbreitete Schwäche. Sicher kennen Sie dieses Problem auch: Eine wichtige Aufgabe soll möglichst schnell von Ihnen erledigt werden. Doch Sie schieben sie vor sich her, immer und immer wieder. Eine Ausrede dafür finden Sie mit Leichtigkeit, Sie haben darin schließlich bereits Übung: „Jetzt bin ich einfach nicht in der richtigen Stimmung. Ich mache erst einmal etwas anderes. Gut Ding will Weile haben. Im Augenblick bin ich etwas müde. Ich muss erst einmal alles sacken lassen. Morgen ist auch noch ein Tag."

Natürlich wird die Aufgabe für Sie von Tag zu Tag gewaltiger und schwieriger. Irgendwann mögen Sie gar nicht mehr daran denken und denken doch an nichts anderes. Nicht nur die wichtige Aufgabe steht drohend vor Ihnen, Ihr ganzes Leben erscheint Ihnen inzwischen unendlich schwer. Sie stehen total unter Stress, obwohl Sie eigentlich gar nichts tun.

Nichts zu tun kann also höchst anstrengend sein. Sie fühlen sich unwohl, weil Sie in einer wichtigen Angelegenheit *nichts* tun. Sie wissen, woran es liegt. Und das macht die Sache so besonders schlimm. Sie spüren den großen Druck, der auf Ihnen lastet. Sie könnten etwas dagegen tun. Doch erst einmal ist es anstrengend genug, über die schwere Last zu klagen, über die ständige Überforderung und darüber, dass Sie keine Lebensfreude und Leichtigkeit mehr spüren. Sie drehen sich im Kreis und fühlen sich in Ihrer selbst gewählten Sackgasse gefangen.

Doch manchmal geschehen Wunder. Sie zeigen durch Ihre spontane Entscheidung, dass Überraschungen auch in Ihrem Leben möglich sind. Sie geben sich einen Ruck und fangen einfach an. Sie lösen die Aufgabe doch noch. Und es ist gar nicht so schlimm, wie Sie gedacht hatten. Hinterher freuen Sie sich über ein wunderbares Gefühl. Sie sind stolz und spüren, dass eine schwere Last von Ihnen genommen ist. Sie sind kein bisschen mehr gestresst, obwohl eben noch *Land unter* war. Das Leben ist wunderbar!

Weniger essen

In unseren Breitengraden leiden die meisten nicht unter *zu wenig*, sondern unter *zu viel*. Fühlen Sie sich auch oft dadurch belastet, dass etwas in Ihrem Leben ausufert? Vielleicht sieht es bei Ihnen ähnlich aus wie bei vielen anderen: Sie essen viel zu viel, besonders von dem, was ungesund ist. Hinterher fühlen Sie sich schlapp und träge. Sie kaufen Dinge, die Sie nun wirklich nicht brauchen. Ihre Schränke sind längst voll davon. Sie verbringen viel zu viel Zeit vor dem Fernseher, das macht Sie unbeweglich. Sie sind Verpflichtungen eingegangen, die Ihnen nicht guttun. Das raubt Ihnen viel Kraft. Sie haben einen viel zu vollen Terminkalender. Sie haben von allem zu viel.

Es ist höchste Zeit, dass Sie manches zurückschrauben. Womit Sie beginnen? Vielleicht machen Sie es so: Sie werden weniger und gesünder essen. Der griechische Schriftsteller und Politiker Xenophon gab schon vor über 2.300 Jahren den guten Rat: „Hör auf mit dem vielen Essen; dann wirst du angenehmer, billiger und gesünder leben!“ Sie werden erleben, wie gut es Ihnen tut und wie Sie bald viel leichter und lockerer werden!

Überhaupt: Sie werden weniger kaufen. Das Verstauen und Abstauben entfällt dann von selbst. Es gibt schließlich wichtigere Dinge im Leben. Sie werden weniger fernsehen und stattdessen spazieren gehen. Sie werden Ihre zahlreichen Termine deutlich reduzieren. Sie werden nach dem Motto leben, dass weniger mehr ist.

Und dann? Leben Sie dann nur noch gesund und vernünftig? Sind Sie dann völlig konsequent? Hoffentlich nicht! Nur nicht eng werden! Die Regeln und Gebote sind schließlich für die Menschen gemacht und nicht umgekehrt. Ab und zu gönnen Sie sich einen Schlemmertag. Manchmal sitzen Sie noch gemütlich vor dem Fernseher und schauen sich drei Filme nacheinander an. Und einmal im Jahr gehen Sie los und kaufen ein paar unnötige Sachen. Ohne Druck und schlechtes Gewissen – ganz gelassen!

Verbotenes tun

Vor einiger Zeit erzählte mir ein Mann mittleren Alters ausführlich seine Lebensgeschichte. Dabei klagte er mehrmals über die eigene Enge und Verkrampftheit, von der er sich immer wieder zu befreien versucht. Besonders berührt haben mich die folgenden Sätze: „Als Kind habe ich gelernt, immer brav und folgsam zu sein. Mir wurde beigebracht, dass ich den Eltern und Lehrern nicht widerspreche. Ich wurde zu Höflichkeit, Ehrlichkeit und Ordnung erzogen. Das hat mich tief geprägt, und es ist mir heute noch wichtig, gewisse Regeln zu befolgen. Ich versuche, mich genau an die Gesetze zu halten. Ich gebe mir Mühe, zu jedem freundlich zu sein. Ich bin meistens äußerst hilfsbereit und halte meine Versprechen. Ich will ein gutes Vorbild für meine Kinder abgeben und ein guter Christ sein.

Doch manchmal, so muss ich gestehen, begehre ich gegen die vielen Regeln, Vorschriften, Gesetze und Paragrafen auf. Manchmal ignoriere ich das kleine rote Männchen, wenn weit und breit kein Auto zu sehen ist. Ich ignoriere das Schild ‚Zutritt verboten' vor dem Eingang des Veranstaltungszentrums und schlendere zum Empfang für die Prominenten. Ich

benutze die Kundentoilette, obwohl ich kein Kunde bin, und manchmal singe ich nachts auf der Straße, obwohl das ganz bestimmt auch verboten ist."
Vielleicht haben Sie Ähnliches erlebt und versuchen, sich auf diese oder jene Weise zu befreien. Gerade das erste Kind in einer Familie wird häufig besonders eng und *vernünftig* erzogen, da die Erziehungsbemühungen der Eltern vor allem das Erstgeborene treffen. Bei dem zweiten oder dritten Kind geht es dann meistens schon viel lockerer zu.
Vielleicht verwechseln Sie Glauben und Bravsein? Vielleicht ist Ihnen Gehorsam wichtiger als Lebensfreude? Vielleicht trauen Sie sich nicht, wirklich frei zu sein und Gottes wunderbare Welt zu genießen? Dann ist es höchste Zeit, ein paar mutige Schritte zu tun. Auch wenn dort ein Schild steht: Zutritt verboten!

Gefühle zulassen

Sie interessieren sich sehr für geschichtliche, naturwissenschaftliche und psychologische Fragen? Sie wollen genau wissen, weshalb etwas so ist und nicht anders? Sie wollen Gesetzmäßigkeiten erkennen und Zusammenhänge verstehen? Sie wollen immer tiefer eintauchen in Wissenschaft und Forschung, damit Sie über die Entstehung des Weltalls ebenso informiert sind wie über die Überlieferung der alten Bibelhandschriften, über biochemische Zusammenhänge und soziologische Erkenntnisse?

Erkennen, verstehen, lernen, nachforschen – das alles sind Voraussetzungen dafür, dass sich die Menschheit immer weiterentwickelt. Doch Wissenschaft, Erkenntnis und Intelligenz sind nicht alles. Manchmal empfinden Sie Ihr Suchen, Fragen und Forschen wahrscheinlich sogar als hinderlich für Ihr Leben. Denn dem wirklichen Leben werden Sie allein mit wissenschaftlichen Formeln und Erklärungen nicht näherkommen.

Wenn Sie sich am Strand über einen schönen Stein freuen, macht es Sie nicht glücklicher, wenn Sie herausfinden, aus welchen Stoffen er sich zusammensetzt und aus welcher Zeit er stammt. Wenn

Sie voller Ergriffenheit erleben, wie die Sonne langsam untergeht, interessieren Sie sich nicht dafür, welche Temperatur in diesem Augenblick auf der Sonnenoberfläche herrscht. Wenn Sie in einer über Jahrhunderte erbauten Kathedrale still niederknien und eine Kerze anzünden, wollen Sie sicher nicht versuchen, die einzelnen Bauphasen exakt zu datieren. Und wenn Ihnen jemand sagt: „Ich liebe dich!", dann wollen Sie nicht herausfinden, welche Gehirnregionen und Hormone an dieser Aussage beteiligt waren.

Ihr Leben ist erst dann im Lot, wenn Sie erkennen und verstehen – aber eben auch fühlen können, wenn Sie nachlesen – aber auch eigene Erfahrungen machen, wenn Sie nachforschen –, aber auch glauben und vertrauen können.

77 Sich mitfreuen

Sie ging völlig in ihrem Beruf auf. Dort glaubte sie, die Bestätigung zu finden, die sie suchte. Dort war ihr Lebensmittelpunkt. Sie setzte sich über alle Maßen für die Firma ein, ohne über den späten Feierabend und die vielen Zusatzaufgaben zu klagen. Doch eins blieb auf der Strecke: ihr Privatleben. Gern hätte sie geheiratet – und vor allem hätte sie gern Kinder gehabt. Jetzt mit Ende 30 wurden ihre Sehnsucht nach einer Familie und die Trauer, darauf verzichten zu müssen, immer größer. Wenn sie – selten genug – am Wochenende im Park spazieren ging, blickte sie voller Traurigkeit und Neid auf alle Mütter mit kleinen Kindern, die ihr begegneten. Als ihre Schwester ihr zweites Kind bekam und sie freudestrahlend fragte, ob sie Patin werden wolle, antwortete sie kurz und barsch: „Nein!"

Es kann sehr anstrengend sein, unsere Mitmenschen um jeden Erfolg zu beneiden. Es macht hart und einsam, ihnen nichts zu gönnen. Es setzt uns gewaltig unter Druck, wenn wir immer mehr haben oder alles besser können wollen als andere. Neid schadet nicht den Beneideten, sondern immer uns selbst.

Manche Menschen bekommen sofort schlechte Laune, wenn sie den Nachbarn in einem neuen Sportwagen vorfahren sehen, wenn ein Kollege wider Erwarten befördert wurde, ein Verwandter ein Haus in den Bergen kauft oder die Tochter des Gastwirts um die Ecke einen Schönheitswettbewerb gewinnt. Was können Sie tun, wenn der Neid an Ihnen nagt und Ihnen ständig zusetzt? Es gibt ein relativ einfaches Mittel, den Neid in Freude zu verwandeln: Sie freuen sich einfach mit! Denn so haben Sie auch etwas davon! Sie gratulieren dem Nachbarn zu seinem neuen Auto und dem Kollegen zur Beförderung und freuen sich mit. Sie lassen sich von dem neuen Haus vorschwärmen und freuen sich mit. Sie lassen sich einen Drink auf die schöne Tochter spendieren und freuen sich mit. Und je mehr Sie sich mitfreuen, umso weniger müssen Sie das alles auch selbst erreichen.

78 Verlieren können

„Die wahren Verlierer sind die, die niemals verlieren können", so hat mir mal jemand gesagt. Wie sieht das bei Ihnen aus: Können Sie verlieren? Ich meine nicht nur bei *Mensch ärgere dich nicht* oder bei einem zünftigen Skat, sondern auch bei der großen Fahrradrallye, zu der Ihre besten Freunde als Zuschauer gekommen sind, bei der Zwischenprüfung oder der Wahl zur ersten Vorsitzenden. Können Sie verlieren bei dem *Kampf* um den Posten des Abteilungsleiters? Können Sie verkraften, nicht die Nummer eins zu sein, sondern die zwei oder die dreiundzwanzig? Hoffentlich, denn wer nicht verlieren kann, steht ständig unter Druck und lebt in der Angst, es nicht zu schaffen.

Dabei ist es eine höchst sonderbare Vorstellung, immer im Leben Sieger sein zu müssen. Aber sie ist weitverbreitet. In zahlreichen Büchern sind Anleitungen zu finden, wie ihre Leser garantiert zu Gewinnern werden. Wer daran glaubt, hat schon verloren. Denn niemand kann erwarten, alles zu schaffen oder ständig auf dem Siegerpodest zu stehen. Da wäre eine Enttäuschung nach der anderen vorprogrammiert.

Ich stelle mir eine Welt vor, die nur aus Lottogewinnern und Olympiasiegern, Bundeskanzlern und Generaldirektoren besteht. Ich stelle mir vor, alle würden Stars sein, regelmäßig an Talkshows teilnehmen und stets im Mittelpunkt stehen. Eine abstruse Vorstellung!

So muss jeder auf dem Weg zum Erwachsenwerden lernen, mit Niederlagen und Enttäuschungen umzugehen. Schließlich besteht jedes Leben aus Erfolgen und Niederlagen, aus Versuch und Irrtum, aus richtig und falsch, aus Lachen und Weinen, aus oben und unten. Wer das nicht akzeptiert, wird nie ein gesundes Selbstwertgefühl entwickeln.

Natürlich werden Sie sich freuen, wenn Sie einmal zu den Gewinnern gehören! Das ist klar. Aber davon hängt Ihr Glück nicht ab. Und Sie wissen sehr wohl, dass Sie auch nach einem Sieg in Ihrem Leben noch viele Niederlagen einstecken müssen.

79 Nicht nach vorne drängeln

Jeder Mensch braucht die Erfahrung, geachtet und geliebt zu werden, sonst besteht die Gefahr, dass er sich klein und minderwertig fühlt und unter mangelndem Selbstwertgefühl leidet. Gerade viele besonders *starke* Frauen und Männer verstecken hinter übertrieben selbstbewusstem Auftreten nur ihre Unsicherheit. Wie dankbar können all jene sein, die aus voller Überzeugung sagen können: Meine Partnerin, mein Partner schätzt und liebt mich! Meine Eltern lieben mich oder wenn sie nicht mehr leben: Sie haben mich geliebt und geachtet! Und wie gut tut es all jenen, die daran glauben, dass ein liebevoller Gott sie begleitet und seine Hand über sie hält! Sie vertrauen darauf, als *Kind Gottes* wertvoll und wichtig zu sein. Sie müssen nicht ihr Leben lang an ihrem eigenen Denkmal bauen.

Menschen, die unter geringem Selbstbewusstsein leiden, haben es besonders schwer. Ständig setzen sie sich selbst unter Druck, weil sie versuchen, etwas für ihren Wert zu tun. Sie arbeiten zu viel, weil sie sich dadurch mehr Anerkennung und Erfolg versprechen. Sie gelten vielleicht als zuvorkommend und besonders hilfsbereit, sie tun alles für ihre

Mitmenschen, weil sie von ihnen geliebt werden wollen. Viele von ihnen versuchen, ständig im Mittelpunkt zu stehen, um beachtet zu werden. Sie laufen mit einer Maske herum, um so wie die anderen zu sein und sich auf diese Weise wertvoller zu machen.

Wer ohne spezielle Einladung meint, auf dem roten Teppich gehen zu müssen, muss sich nach vorne drängeln. Wer stets in der ersten Reihe sitzen will, muss darum kämpfen. Was für eine Anstrengung, was für ein Stress! Und was für eine Entlastung, mit solchen Spielchen aufzuhören! Aber das geht nur, wenn Sie davon überzeugt sind, kostbar und liebenswert zu sein. Nur dann müssen Sie sich den eigenen Wert nicht immer wieder neu mühsam verdienen. Deshalb finden wir Gelassenheit und Leichtigkeit in besonderer Weise bei denen, die an ihren eigenen Wert glauben.

80 Staunen und sich freuen

Bei fast jeder Gelegenheit wird viel geredet, oft vielleicht zu viel. Bei manchem Grußwort, mancher Predigt, manchem Vortrag schalten die meisten Zuhörer nach kurzer Zeit ab. Langeweile und Ärger breiten sich aus. Aber es gibt auch das Gegenteil: Vor einiger Zeit habe ich einer beeindruckenden Rede lauschen dürfen. Als sie beendet war, hat erst einmal keiner der Zuhörer applaudiert. Wir alle waren so ergriffen, so überwältigt, dass wir sekundenlang nur schweigen konnten.

Es gibt Augenblicke, in denen wir nur staunen und uns freuen können. Da müssen wir nicht *reflektieren* und das Ereignis beurteilen und einordnen. Da erübrigt sich jeder Kommentar, da würde jeder Entzückensruf stören und jeder Applaus wehtun. Jeder Mensch, der solche Augenblicke staunend erlebt hat, kann sich glücklich schätzen. Sicher könnten auch Sie von *heiligen* Momenten wie diesen berichten:

Sie sind auf Ihrer langen Wanderung durch den tiefen Wald Richtung Meer müde und hungrig geworden. Sollten Sie nicht längst das Ufer erreicht haben? Da plötzlich treten Sie aus dem Wald heraus und sehen vor sich das Meer, in dem sich die Sonne tausendfach spiegelt.

Die ganze Familie litt unter der furchtbaren Situation, dass der älteste Sohn seit dem schrecklichen Streit nicht mehr mit seiner Schwester gesprochen hatte – beide waren tief verletzt. Alles schien festgefahren und hoffnungslos. Doch dann, an dem 80. Geburtstag der Mutter, gingen die verfeindeten Geschwister aufeinander zu, blickten sich fragend an – und gaben sich die Hand.

Der Gesang ist verklungen und Sie haben immer noch eine Gänsehaut. Sie spielen fröhlich mit Ihren Kindern und vergessen alles um sich herum. Sie sind traurig, an Ihrem Geburtstag allein zu sein, als es plötzlich klingelt und aus vielen Kehlen ruft: „Überraschung!"

Jochen Klepper schrieb in einem Gedicht: „Dein Herz hat einen Schlag getan, so wie ein Vogel seine Schwingen hebt, und alles Leben war gelebt, und alle Ewigkeit brach an." Genießen, staunen, Freude zulassen – mehr ist nicht nötig.

81 Ein fröhliches Lächeln

Auf dem Weg zur Arbeit morgens in der S-Bahn, beim Einkaufen in der Schlange vor der Kasse, im Wartezimmer der Arztpraxis oder im Auto auf der Suche nach einem Parkplatz, ist die Atmosphäre oft negativ aufgeladen. Düstere Gedanken, Sorgen und Probleme, Ärger und Wut sind häufig deutlich in den Gesichtern der Menschen abzulesen. Ja, sie sind nicht nur abzulesen oder zu *besichtigen*, oft überträgt sich die negative Haltung auch auf die anderen. Wir alle erleben das fast täglich. Mancher Tag wurde uns auf diese Weise schon total verdorben.

Macht es Ihnen auch solchen Spaß, sich gemütlich auf eine Bank zu setzen und in aller Ruhe die vorbeigehenden Menschen zu beobachten? Dann freuen Sie sich bestimmt über jedes lachende, fröhliche Gesicht, über jeden offenen, positiven Blick. Das tut einfach gut. Und Sie spüren schnell, wie sich das positive Lebensgefühl auf Sie überträgt.

Doch ebenso oft begegnen Ihnen vorbeieilende Menschen, die so aussehen, als wäre das Leben eine einzige Strafe. Sie blicken in mürrische oder total angespannte Gesichter. Und Sie denken vielleicht: Wie kann ein Mensch nur so verbissen und negativ sein!

Wie ist das bei Ihnen? Lächeln Sie gern? Lächeln Sie oft? Wenn Sie lächeln, dann tut es Ihnen selbst gut und Ihren Mitmenschen ebenfalls. Ihre Stimmung hebt sich – und die der anderen. Doch auch Sie laufen manchmal als Griesgram herum, nicht wahr? Und wenn Sie zufällig an einem Spiegel vorbeikommen, kann es passieren, dass Sie sich selbst *erwischen*: Sie sehen keine Spur der Leichtigkeit und Fröhlichkeit, die Sie sich so wünschen? Oder lächeln Sie überhaupt nur dann, wenn Sie wissen, dass ein Spiegel in der Nähe ist? Das wäre jammerschade! Versuchen Sie doch einfach regelmäßig, sich selbst zu *beobachten*. Fragen Sie danach, welche Stimmung Sie jetzt wohl ausstrahlen. Sie blicken finster drein? Das finden Sie sogar selbst ganz komisch! Und schnell glätten sich die Sorgenfalten und Sie beginnen zu lächeln. Sie fühlen sich wieder leicht – und das ganz ohne Spiegel!

82 Niemanden erziehen

Alle Eltern haben eine wichtige Erziehungsaufgabe, von der sie nur in Ausnahmefällen entbunden werden können. Sie müssen dafür sorgen, dass ihre Kinder sich und anderen nicht wehtun, dass sie gewisse Regeln beachten, dass sie Herausforderungen annehmen, viele wichtige Dinge lernen und Vertrauen ins Leben entwickeln können. Doch diese Erziehungsaufgabe ist nicht von Dauer. Je älter die Kinder werden, umso häufiger sollen sie eigene Entscheidungen treffen, bis sie sich nach und nach ganz von ihren Eltern abnabeln. Wenn das auf gute Weise gelingt, können ihre Eltern dankbar sein.

Doch viele Menschen können das Erziehen nicht lassen. Sie reden ihren Kindern immer noch hinein, wenn diese längst erwachsen sind. Und sie würden am liebsten auch die meisten ihrer Mitmenschen erziehen und ihnen ausführlich erklären, wie man richtig und ordentlich lebt. Sie tragen die schwere Last, alles erläutern und korrigieren zu müssen.

Geraten Sie auch manchmal in Versuchung, andere zur Rede zu stellen? Warum muss Ihnen der Radfahrer auf der falschen Straßenseite entgegenkommen? Er gefährdet sich und andere damit. Warum bringt die Lehrerin Ihrem Kind das Schreiben nach einer völlig veralteten Methode bei? Warum bedient Sie der Kellner so unfreundlich und lustlos? Warum lassen Ihre Nachbarn den Garten so verkommen? Warum antwortet er nicht? Warum kann sie sich nicht anständig kleiden? Warum macht er sein Auto nicht besser sauber?

Es gäbe immer etwas zu meckern. Vielleicht würden sie am liebsten diese Menschen korrigieren und sie eines Besseren belehren. Doch erreichen würden Sie damit gar nichts. Im Gegenteil! Erreichen würden Sie nur, dass Sie sich ärgern würden und innerlich völlig angespannt wären.

Es ist nicht Ihre Aufgabe, andere Menschen zu erziehen. Sie machen sich das Leben nur unnötig schwer. Sie haben genug damit zu tun, sich selbst zu erziehen und Ihr eigenes Leben in den Griff zu bekommen!

83 Nichts erwarten und doch alles

„Ich will alles, und zwar jetzt", so lautet der Titel eines Schlagers aus dem Jahr 1982. Das ist ganz schön harter Tobak, nicht wahr? In diesem Lied, so ist der erste Eindruck, werden Maßlosigkeit und fehlende Impulskontrolle besungen. Vielleicht stimmt dieser Eindruck sogar. Als Lebensmotto wäre der Titel auf jeden Fall nicht zu empfehlen, da das der beste Weg in die Psychiatrie wäre. Und trotzdem spricht der Text eine tiefe Sehnsucht in uns an, die wir uns erhalten wollen: umkehren, einen neuen Weg gehen, mehr als das eintönige Alltagsleben erfahren, mehr als diese Welt voller Krieg und Hass, mehr als alles, was wir bisher erlebt haben. Vielleicht die Sehnsucht nach Gott, die Sehnsucht nach wahrer Liebe, die Sehnsucht nach Freiheit?

Was erwarten Sie vom Leben? Falsche Erwartungen können das Leben unnötig schwer machen. Die Suche nach dem Traummann oder der Traumfrau kann mit der großen Enttäuschung enden, schließlich überhaupt niemanden zu finden. Die Erwartung, eines Tages ein gefeierter Star zu sein, wird sich wahrscheinlich nie erfüllen. Und das Luxushaus am Meer in traumhafter Alleinlage, die ständigen Glücksgefühle, das regelmäßig steigende Einkommen, die absolute Harmonie, völlige Sicherheit, allgemeine Anerkennung und ewige Jugend – das alles werden Sie niemals erreichen, so sehr Sie sich auch anstrengen.

Wer sich mit solchen Erwartungen unter Druck setzt, kann nur verlieren, auch wenn er sich noch so sehr für diese Ziele einsetzt.

Das Leben wird nicht gelingen, solange Sie Ihr Glück davon abhängig machen, dass sich irgendwelche bestimmten Wünsche erfüllen. Sie müssen nichts haben. Sie müssen nichts erreichen. Ist das Resignation? Überhaupt nicht! Freuen Sie sich trotzdem auf ein interessantes, erfülltes Leben. Seien Sie gespannt, was Ihnen gelingen und was Sie erwarten wird. Vertrauen Sie darauf, dass Sie immer eine Zukunft haben, auch wenn sich viele Ihrer Träume nicht erfüllen.

84 Sich nicht ablenken lassen

Was waren wohl die bisher schönsten, intensivsten Augenblicke in Ihrem Leben, an die Sie immer wieder gern zurückdenken und von denen Sie auch gern erzählen? Denken Sie in Ruhe nach. Ich kann mir vorstellen, dass Sie gleich lossprudeln und begeistert berichten werden.

Vielleicht erzählen Sie von dem romantischen Abendspaziergang zu zweit, damals unten am Fluss. Und Sie beginnen, gedankenversunken zu lächeln. Oder Sie berichten von dem Gospelgottesdienst, bei dem Sie die Gegenwart Gottes so intensiv gespürt haben wie noch nie zuvor. Jetzt glüht Ihr ganzes Gesicht vor Aufregung.

Vielleicht fällt Ihnen das wunderbare Essen ein, das Sie an der festlich gedeckten Tafel im Schlossgewölbe genießen konnten. Ihnen ist, als würden Sie die Aromen und Gerüche wieder schmecken und riechen, so wie damals.

Vielleicht denken Sie an das intensive Gespräch mit einer guten Freundin. Sie hatten beide total die Zeit vergessen und haben erst lange nach Mitternacht den Heimweg angetreten. Oder Ihnen fällt das fantastische Freiluftkonzert in der Waldbühne ein, die eindrucksvolle Schifffahrt auf der Spree, der atemberaubende Blick von der Bergspitze oder die Geburt Ihrer Tochter.

Große Augenblicke können wir nur erleben, wenn wir uns dabei durch nichts anderes ablenken lassen. Wunderbare Erlebnisse, tiefe Erfahrungen, Gänsehaut und Herzklopfen – da darf kein Mobiltelefon stören, keine Musik aus dem Radio, kein Gedanke an den Kontostand, kein Blick auf die Uhr und kein Ärger über den Streit am Morgen mit dem Nachbarn.

Anders betrachtet: Ablenkung bringt uns weg von dem, was gerade wichtig ist. Ablenkung zerstreut unsere Aufmerksamkeit. Ablenkung kann die Stille zerstören und die Konzentration auf das, was *dran* ist.

Wenn Sie intensiv leben und die großen Augenblicke genießen wollen, dann sorgen Sie dafür, dass Sie sich nicht ständig ablenken lassen. Denken Sie so oft wie möglich nur an *das eine*!

85 Echte Fröhlichkeit suchen

Paulus, der große Apostel und Missionar aus der Zeit der frühen Christenheit, musste für seine *Mission* auf vieles verzichten. Er gab seine Karriere auf, weil er Christ wurde. Er setzte bei seinen anstrengenden, gefährlichen Reisen immer wieder seine Gesundheit aufs Spiel. Er wurde geschlagen und verfolgt. Er musste sich immer wieder mit finanziellen Problemen herumschlagen. Er durchlitt manches Tief.

Trotzdem war er wohl ein im Grunde fröhlicher und zufriedener Mensch. In einem Brief an die junge Gemeinde in Korinth schrieb er einmal: „Ich erfahre Leid und doch bin ich fröhlich. Ich bin arm und mache doch viele reich“ (2. Korintherbrief 6,10).

Sie und ich, wir wissen es längst: Geld, Ansehen, Erfolg – das alles macht nicht glücklich. Es schenkt vielleicht eine gewisse Befriedigung, aber die ist nicht von Dauer. Was also ist das Geheimnis der Menschen, die Zufriedenheit und Liebe ausstrahlen? Haben Sie einmal solche Menschen nach Ihrem Geheimnis befragt? Sie werden sicher sehr unterschiedliche Antworten hören: Vielleicht sind sie in einem Elternhaus aufgewachsen, in dem sie geliebt und geachtet wurden? Psychologen betonen immer wieder, dass in der Kindheit das Fundament für ein gelingendes Leben gebaut wird. Vielleicht sind ihnen Menschen wichtiger als Geld und irgendwelche Dinge?

Auch Paulus konnte von einem solchen Geheimnis berichten. Er hatte die Erfahrung gemacht, von Gott geliebt zu werden. Hätten wir ihn damals befragt, hätte er bestimmt sofort von dem hellen Licht berichtet, das ihn auf einer Reise nach Damaskus geblendet hatte. Die erste Zeit danach war er erblindet, so wie er bis dahin für die Wirklichkeit Gottes blind gewesen war. Er hätte von der tiefen Zufriedenheit erzählt, die ihn immer dann erfüllte, wenn jemand durch seine Predigt Vertrauen in die Frohe Botschaft von Jesus setzte.

Ich wünsche Ihnen eine Fröhlichkeit, die Sie auch in kritischen Situationen nicht verlässt. So wie Paulus es immer wieder erfahren hat.

86 Mit wenig zufrieden

Kinder dürfen eine Wunschliste schreiben, zum Geburtstag und zu Weihnachten. Sie werden in vielen Fällen sogar dazu ermutigt. Manche dieser Listen sind sehr bescheiden, andere sehen aus unserem Blickwinkel betrachtet eher *unverschämt* aus. Aber es sind ja noch Kinder!

Doch auch die Wunschlisten mancher Erwachsener sind wenig bescheiden, sie werden im Gegenteil größer und größer: regelmäßig ein neues Auto, dreimal im Jahr eine interessante Städtereise, Kleidung nach der aktuellen Mode, genügend Nachschub für den Weinkeller, ein Markenhandy der aktuellen Generation, neue italienische Möbel im Wohnzimmer, Tafelfreuden im Sternerestaurant, Kunst und Schmuck, mal wieder neues Reisegepäck für die Flugreise und endlich eine Designerküche, für die man sich nicht schämen muss, wenn interessante Gäste zu Besuch kommen.

Wie es zu solchen Wunschlisten kommt? Sie speisen sich aus der allgegenwärtigen Werbung, die unser Leben mehr und mehr im Griff hat. Sie vergrößern sich, wenn wir mit den anderen mithalten wollen. Es gilt das Motto: „Ich kaufe, also bin ich“ – und die

Liste wird immer länger. Dabei sind wir doch längst keine Kinder mehr!

Haben Sie auch lange Zeit gedacht, dass der Weg zum Glück und zu mehr Lebensfreude über Ihre Wunschliste führt? Haben Sie geglaubt, sich mit jedem neuen, teuren Stück etwas Gutes zu tun? Dann haben Sie sicherlich irgendwann festgestellt, wie sehr Sie sich damit etwas vorgemacht haben. Sie wurden durch immer mehr Dinge nicht zufriedener. Das Gegenteil war der Fall. Eine innere Unruhe griff nach Ihnen und nahm Ihnen die Leichtigkeit. Viel verdienen und das Geld wieder ausgeben darf niemals zum Lebenszweck werden, sonst wird das Leben leer und sinnlos.

Wie gut, dass Lebensfreude nicht zu kaufen ist! Wie gut, dass Glück andere Gründe hat: Vertrauen, Liebe, Glauben, Verzeihen, Dankbarkeit – und die Freude an den kleinen Dingen. Wer das erfährt, darf sich glücklich schätzen.

87 Nur eine Sache

Vor Jahren war ich mit einer Gruppe von Männern in Schweden. Wir hatten uns vorgenommen, dort unter Anleitung eines Fachmanns Bäume zu fällen. Es war Anfang März und bitterkalt. Die Wiese neben dem Wald war schneebedeckt. Wir arbeiteten bewusst so, wie es dort schon vor Jahrhunderten getan wurde: mit Axt und Säge. Wir konzentrierten uns ganz auf die für uns ungewohnten Tätigkeiten. Nur das Notwendigste sprachen wir miteinander. Wir spürten unsere Hände, die Muskeln, den Rücken. Wir schwitzten bei der anstrengenden Arbeit. Aber wir empfanden alle eine große Zufriedenheit und tiefe Freude. Wir waren stolz auf unsere Leistung.

Nach der Arbeit, am späten Nachmittag, wurde es schnell dunkel. Es war an der Zeit auszuruhen und so saßen wir erschöpft und glücklich zusammen in der alten Hütte und erzählten. Wir führten beglückende, tiefe Gespräche. Wir sprachen über unsere Träume und Ängste, über unseren Glauben und unsere Verletzungen. Wir waren offen und ehrlich. Wir lachten und weinten.

Die Tage in Schweden machten deutlich, wie intensiv wir leben können, wenn wir uns völlig auf eine

Sache konzentrieren. Wir machten immer nur eine Sache und nicht mehrere zur gleichen Zeit. Doch diese eine Sache machten wir ganz – das Arbeiten im Wald und hinterher das offene, ehrliche Gespräch. Und nur durch das gemeinsame Arbeiten, bei dem jeder alles gab, war der zweite Teil des Tages möglich. Kein Telefon störte uns, kein Fernseher lief und kein Abrechnungstermin drängte.

Gelingt es Ihnen wenigstens ab und zu, sich völlig auf eine Sache zu konzentrieren? Haben Sie es versucht? Sicher sind es kostbare Erfahrungen, die Sie dabei machen. Sie kennen die *Regeln*: Wenn Sie essen, lesen Sie nicht in der Zeitung. Wenn Sie sich unterhalten, denken Sie nicht ständig an Ihre Arbeit. Wenn Sie mit den Kindern spielen, schalten Sie den Fernseher aus. Wenn Sie nachts die Sterne betrachten, schauen Sie nicht nach, ob Sie eine SMS erhalten haben. Wenn Sie zuhören, überlegen Sie nicht schon, was Sie gleich antworten. Und wenn Sie schlafen, wälzen Sie keine Probleme.

88 Nicht so verbissen

Nach einem Vortrag in Norddeutschland kam ein Herr, etwa Mitte 40, zu mir, um mir etwas zum Thema Gelassenheit zu erzählen. Er war ein wenig aufgeregt, und mir wurde deutlich, dass es ihm sehr wichtig war, seine Geschichte und seine Erfahrungen weiterzugeben. Obwohl einige andere Besucher des Vortrags um uns herumstanden, erzählte er fast ohne Unterbrechung:

„Früher fielen mir jeden Morgen im Bus auf dem Weg zur Arbeit die vielen verbissenen Gesichter auf – manche total in sich gekehrt, andere sogar unfreundlich oder deutlich abweisend. Ich habe mich dann immer gefragt, warum diese Menschen sich und ihren Mitmenschen das Leben so schwer machen. Ich hatte absolut kein Verständnis für sie.

In der Firma im Fahrstuhl nach oben war es ähnlich: lauter Leute mit mürrischen, verbissenen Gesichtern standen um mich herum. Ich spürte geradezu körperlich, dass ich mich in ihrer Gesellschaft unwohl fühlte. Und ich fragte mich, ob es außer mir nur lauter frustrierte Menschen auf dieser Welt gäbe.

Dann passierte etwas, womit ich nicht im Traum gerechnet hätte. Eine Arbeitskollegin fragte mich sehr direkt: ‚Was ist eigentlich mit dir los? Du siehst morgens immer so verbissen aus. Da bekommt man ja direkt Angst!'

Das saß! Ich kam ganz schön ins Nachdenken. ‚Bin ich denn genauso wie alle anderen?', fragte ich mich. Seitdem habe ich viel Verständnis für meine mürrischen Mitmenschen. Und ich versuche schon beim Aufstehen, meinem Tag eine positive Richtung zu geben. Ich überlege mir zum Beispiel, worauf ich mich heute freuen kann. Ich lächle mich selbst im Badezimmerspiegel an und schenke das Lächeln anschließend auch meiner Frau. Manchmal hält das Lächeln noch bis in den Bus oder sogar bis zum Fahrstuhl.

Gerade in den letzten Tagen habe ich mich manchmal gefragt, ob die anderen meine Verwandlung bemerkt haben. Da überraschte mich meine Arbeitskollegin ein zweites Mal. Gestern sagte sie mir freudig: ‚Na, geht doch!' Das tat richtig gut."

89 Vieles leichter nehmen

Manchmal spüren Sie wahrscheinlich überdeutlich, dass Ihnen alles zu viel wird. So vieles belastet Sie und drückt Sie nieder. Sie leiden unter dem ständigen Stress und fühlen sich auch körperlich nicht mehr wohl.

„Du musst in Zukunft alles leichter nehmen!", sagen Sie dann manchmal zu sich selbst. „Mach dir nicht so viele Gedanken! Lach' ruhig einmal über deine Sorgen! Belaste dich nicht mit lauter unwichtigen Dingen!" Und Sie fühlen sich schon, wenn auch nur für kurze Zeit, ein wenig besser.

Das ist natürlich alles leicht gesagt, solange Sie nicht wirklich zur Änderung bereit sind. Denn bestimmt suchen Sie längst nach *guten* Gründen, alles beim Alten zu belassen. Ein Wechsel zur Leichtigkeit würde schließlich Ihre Grundfeste betreffen, Ihr Fundament. Es würde vielleicht sogar Ihre Persönlichkeit ändern. Sie haben also wahrscheinlich nicht nur die eine Seite, die sich mehr Leichtigkeit wünscht, sondern auch eine andere, die vorsichtig zurückfragt: „Darf ich das denn?" Und Sie schieben eine Erklärung nach: „Man kann doch nicht alles locker sehen. Ich will schließlich kein Luftikus sein.

Ich will nicht so einfach in den Tag hinein leben. Ich will nicht aufhören zu denken. Ich bin schließlich zuverlässig und nehme meine Aufgaben ernst. Das schätzen meine Mitmenschen an mir."

Doch besteht denn wirklich die Gefahr, dass Sie irgendwann jede Verantwortung ablehnen, dass Sie alles zu leichtnehmen, dass Sie zu locker werden und zu unzuverlässig? Ich glaube, Sie wissen insgeheim selbst, dass diese Gefahr überhaupt nicht vorhanden ist. Allein die Tatsache, dass Sie ein Buch zum Thema Gelassenheit lesen, zeigt deutlich: Sie machen sich das Leben eher zu schwer. Sie fühlen sich für zu vieles verantwortlich. Sie können nur schwerlich Ihre Pflichten und Aufgaben vergessen. Sie brauchen eine neue Einstellung. Es gibt zwar Menschen, die vor lauter Lässigkeit, Tagträumerei und Unzuverlässigkeit mit Ihrem Leben nicht klarkommen. Doch keine Sorge: Dazu gehören Sie nicht!

90 Von Herzen lachen

Manchmal brauchen Sie Abstand von den Formularen, die sich auf Ihrem Schreibtisch stapeln, von dem Chaos in der Küche oder der Werkstatt, vom dem Alltag oder von der Vorstellung, die ideale Mutter oder der fehlerlose Vater sein zu müssen. Abstand gelingt auf verschiedene Weise. Die vielleicht beste Methode ist das Lachen, der Humor. Lachen befreit. Lachen kann selbst schwierige Situationen entkrampfen. Lachen schenkt Leichtigkeit. Lachen tut Geist, Körper und Seele gut. Sogar wissenschaftlich ist die wohltuende und gesundheitsfördernde Wirkung des Lachens erwiesen. Gönnen Sie sich jeden Tag eine Dosis davon.

Vielleicht fragen Sie sich jetzt wehmütig: „Wann habe ich eigentlich zum letzten Mal gelacht, so richtig befreit gelacht?“ Sie denken einen längeren Augenblick nach. „Vielleicht heute Morgen, als ich die Zeitung las? Nein, das war allenfalls ein zaghaftes Lächeln. Gestern Abend bei unseren Freunden? Nein, da war ich eigentlich eher ernst, wie leider so oft in letzter Zeit. Überhaupt habe ich den Eindruck, dass mein Humor schon mal ausgeprägter war als heute.“

Wie war das früher, in Ihrer Kindheit und Jugend? Wahrscheinlich haben Sie damals oft und gern gelacht. Manchmal mussten Sie sich regelrecht ausschütten vor Lachen. Sie lachten, wenn andere Ihnen von komischen Begebenheiten erzählten, und Sie lachten, wenn Sie selbst etwas Lustiges erlebten. Sie lachten auch dann, wenn es keinen sichtbaren Grund gab. Und oft hat Sie das Lachen regelrecht erleichtert.

Meine Güte, denken Sie jetzt vielleicht, *das muss doch auch heute noch möglich sein!* Womöglich gelingt es Ihnen ja ab und zu bei einem lustigen Film. Vielleicht lachen Sie, wenn Sie feststellen, dass Sie zwei verschiedene Strümpfe anhaben. Sie merken zum Glück immer wieder einmal, wie gut es Ihnen tut, fröhlich zu sein und zu lachen. Sie merken, dass es Sie von düsteren oder ernsten Gedanken befreit. Hinterher fühlen Sie sich dann wie ausgewechselt.

91 Selbst entscheiden

Es ist eine große, kaum lösbare Aufgabe, immer im Leben die richtigen Entscheidungen zu treffen. Und entscheiden müssen Sie sich – immer häufiger und oft auch immer schneller. Schließlich bieten sich unzählige Optionen. Die Möglichkeiten, sich zu vergnügen, zu engagieren, sich Herausforderungen zu stellen, nehmen weiter zu. Doch nach welchen Kriterien können Entscheidungen gefällt werden, wo doch die alten Maßstäbe immer weniger greifen? Da kann es schon verlockend sein, hier und dort einen guten Ratschlag einzuholen. Aber können und wollen Sie jedem Ratschlag folgen? Wohl kaum, denn sicherlich würden Sie bald sehr sonderbare, aber auch völlig entgegengesetzte Ratschläge auf Ihrer Vorschlagsliste haben. Der eine rät dies, die andere das. Der eine sagt: „Tu es sofort!", die andere warnt: „Lass es lieber sein!" Wem sollen Sie folgen? Ihrem Verstand, Ihrem Bauch, Ihrer Seele? Oder Ihrer Schwiegermutter, Ihrem Kollegen, dem *Spezialisten* neben Ihnen an der Theke oder der Hobbypsychologin in der Kirchengemeinde?

Natürlich können Sie sich gute Ratschläge anhören. Das kann manchmal hilfreich sein, manchmal aber auch völlig verwirrend. Sie allein müssen entscheiden, welchen Ratschlag oder welchen Weg Sie persönlich als gut und brauchbar ansehen. Ob eine Entscheidung richtig ist, werden Sie sowieso meistens erst hinterher erfahren. Doch langes Warten und schließlich keine Entscheidung zu treffen – ist auch eine Entscheidung: Sie werden zum passiven Zuschauer. Die Verhältnisse oder die anderen entscheiden für Sie.

Wenn Sie sich nicht in den unterschiedlichen Möglichkeiten verirren wollen, dann brauchen Sie Ihren eigenen Kompass: Sie müssen für sich festlegen, welche Werte Ihnen wichtig sind, was Ihr Glaube sagt, was zu Ihnen passt, was Ihnen gefällt, was Sie herausfordert. Nur mit diesem Kompass werden Sie nicht mehr ständig hin und her gerissen.

So fällt es Ihnen auch leichter als früher, statt auf andere zu hören, selbst die Entscheidungen in Ihrem Leben zu treffen.

92 Sich Zeit nehmen

Hektik kann schrecklich sein. Sicher ist auch Ihre Gelassenheit manchmal wie weggeblasen, weil Sie total hektisch sind. Sie stehen unter Druck, weil ein wichtiger Termin naht. Sie müssen unbedingt bis zum Nachmittag die wichtigen Unterlagen zusammenstellen und dem Kurier übergeben. Sie brauchen dringend noch Informationen für das Gespräch am nächsten Abend. Sie sind dabei, die große Feier am Wochenende vorzubereiten, und wissen nicht, wie Sie alles schaffen sollen. Sie wollen morgen in den Urlaub fahren und haben noch nicht einmal mit dem Packen begonnen. Wahrscheinlich könnten Sie diese Liste beliebig fortsetzen.

Sie werden immer dann hektisch, wenn Sie den Eindruck haben, dass die Zeit knapp wird. Sie beeilen sich, um Zeit aufzuholen. Sie steigern das Tempo. Doch mit Hektik werden Sie Ihr Ziel nicht erreichen. Im Gegenteil, Sie machen sich nur verrückt und schaffen wahrscheinlich weniger, als wenn Sie alles in Ruhe angehen würden. Was also tun?

Sie lassen erst einmal alles liegen, nehmen sich etwas von der verbliebenen Zeit und atmen langsam mehrmals kräftig durch, bis Sie zur Ruhe kommen.

Sie können wieder klar denken? Wenn nicht, dann atmen Sie weiter, bis Sie tatsächlich innerlich ruhig und geistig wieder *zurechnungsfähig* sind. Jetzt schauen Sie sich Ihre Aufgabe an und teilen sie in einzelne Schritte auf. Bald merken Sie: Wenn ich diese Schritte nacheinander erledige, werde ich alles rechtzeitig schaffen. Ja, manches können Sie vielleicht delegieren oder sogar weglassen. Da ist zum Beispiel die Wagenwäsche, die Sie mit Sicherheit nicht erledigen müssen, bevor Sie in den Urlaub fahren.

Gelingt es Ihnen, bei den weiteren Vorbereitungen die Ruhe zu bewahren? Herzlichen Glückwunsch! Vielleicht bleibt Ihnen jetzt sogar noch Zeit, um zwischendurch total gelassen einen kleinen Spaziergang zu machen.

Von dem römischen Geschichtsschreiber Titus Livius ist folgender Anti-Hektik-Satz überliefert: „Alle Dinge werden dem klar werden, der keine Eile hat; die Hast ist blind."

93 Alles hat seine Zeit

Alles hat seine Zeit. Der Frühling hat seine Zeit, der Sommer, der Herbst und der Winter. Arbeit und Anstrengung haben ihre Zeit, Urlaub und Muße ebenso. Alleinsein hat seine Zeit und Gemeinschaft, Nähe und Distanz. Fröhlichkeit und Glück haben ihre Zeit, Trauer und Schmerz gehören genauso zum Leben. Festhalten und Sammeln haben ihre Zeit, Loslassen und Verteilen haben ihre Zeit. Das helle Licht hat seine Zeit und die Dunkelheit, Gesundheit und Krankheit, Erfolg und Enttäuschung, Jugend und Alter.

„Alles im Leben hat seine Zeit“, so beginnt einer der bekanntesten und beliebtesten Texte im Alten Testament (Prediger Salomo 3,1–8). Für viele Menschen sind diese Worte im positiven Sinne zu einer Gelassenheitshymne geworden: Schöne Tage, schwere Tage – so ist das Leben. Beides ist von Gott geschenkt. Wer das akzeptiert, kann ein glücklicher Mensch werden. Wer jedoch nur dagegen ankämpft, wird sich daran aufreiben und stets unzufrieden bleiben.

„Alles im Leben hat seine Zeit“, dieser Satz kann gefärbt sein von Wehmut, wenn es um die Zeit geht, als die Kinder noch klein waren. Sie ist vorbei. Schade! Der wunderschöne Urlaub ist vorbei. Früher waren wir glücklich, das waren noch Zeiten! Es kann aber auch ein großes Dankeschön sein: Ich habe herrliche Tage erlebt, danke! Ich habe viel Gutes erfahren. Jetzt will ich auch die anderen Tage so annehmen, wie sie sind – schön und schwer, fröhlich und traurig.

„Alles hat seine Zeit", für viele ist dieser Satz zu einer Art Lebensmotto geworden. Doch die meisten von ihnen haben lange gebraucht, um das zu verstehen und zu akzeptieren. Sie haben lange versucht, dagegen anzukämpfen. Sie haben gedacht, das eine würde ohne das andere gehen. Doch ohne Dunkelheit gibt es kein Licht und ohne Schmerz kein Glück.

Alles hat seine Zeit. Vielleicht wird dieser Satz ja auch für Sie ein Schlüssel zu Gelassenheit und Dankbarkeit. Und vielleicht können Sie einstimmen in die Worte: „Ich bin traurig froh, spüre die Liebe und den Schmerz – und möchte mit keinem anderen Menschen tauschen."

94 Ja sagen, Nein sagen

Lassen Sie sich erzählen, was einen Menschen umtreibt, der nicht Nein sagen kann, aber sich entschieden hat, es zu lernen:
„Nicht nur meine Schränke sind voll mit unnötigen Dingen. Auch ich selbst schleppe Ballast mit mir herum, und der macht mir das Leben schwer: Ich trenne mich nicht von alten Freunden, obwohl sich die Freundschaften längst überholt haben. Ich lasse alte Verletzungen nicht heilen und drücke mich davor, meine Probleme zu lösen.
Vor allem lasse ich zu, dass andere über meine Zeit verfügen und bestimmen. Ich gehe Verpflichtungen ein, die mir nicht guttun. Ich nehme Einladungen an und ärgere mich schon im nächsten Augenblick darüber. Ich leide, weil ich nicht Nein sagen kann.
Ich werde erst zufrieden sein, wenn ich selbst entscheide, was ich tue und was nicht. Darum werde ich das Neinsagen trainieren. Ich werde Nein sagen, wenn ich meine Zeit lieber anders verbringen will. Ich werde Nein sagen, wenn mich jemand unter Druck setzt oder versucht, mir die Zeit zu stehlen."
Trifft das auch auf Sie zu? Oder haben Sie eher das

Problem, nicht Ja sagen zu können? Das könnte dann etwa so aussehen:
„Ich weiß, was ich nicht will, und deshalb ist es wichtig, öfter einmal Nein zu sagen. Ich weiß, was mich ärgert, und darüber kann ich mich lang und breit auslassen. Ich weiß, was mir nicht gefällt und woran ich nicht glaube, was mir Sorge bereitet, was mich einengt und was mir Angst macht. Und ich kritisiere und klage und bedaure mich selbst.
Aber weiß ich auch, was ich will? Weiß ich, wofür ich mich begeistern und einsetzen kann? Weiß ich, was meinem Leben Sinn gibt? Weiß ich, welche Träume mir wichtig sind? Weiß ich, woran ich glaube?
Viel zu oft schiebe ich meine Entscheidungen auf. Statt mich *für* etwas zu entscheiden, sammle ich lieber mühsam Punkte, die *dagegen* sprechen. Und je seltener ich mich *für* etwas entscheide, umso seltener erlebe ich, dass das Leben gelingt und wieder neu und spannend wird. Darum will ich nicht nur lernen, Nein zu sagen, sondern auch fröhlich und zuversichtlich Ja zu sagen."

95 Sinnlose Dinge tun

Die Überschrift zu diesem Kapitel hat Sie wahrscheinlich erst einmal irritiert. Zu sehr sind wir daran gewöhnt, nur *sinnvolle* Dinge zu tun: Geld verdienen, für die Abschlussarbeit lernen, Sport treiben, den Wagen waschen oder intensive Zeit mit den Kindern verbringen.

Vielleicht sagen Sie zu unwichtigen, *sinnlosen* Dingen: „Für so etwas habe ich keine Zeit!" und meinen damit, während Sie ein wenig die Nase rümpfen, alles, was nichts einbringt. Alles, was nichts bringt für den Beruf, den Verstand, den Glauben, die Gesundheit, das Haus oder für eine sinnvolle Freizeitgestaltung. Damit wollen Sie wahrscheinlich deutlich machen, dass Sie mit besonders wichtigen Dingen beschäftigt sind. Sie müssen Ihre Monatsabrechnung machen und das Fahrtenbuch auf den neusten Stand bringen. Sie müssen im Garten Unkraut jäten, im Sportverein Protokoll führen und sich im Fernsehen über die aktuelle politische Entwicklung informieren. Sie müssen Kontakte pflegen und E-Mails versenden. Und je mehr wichtige Dinge Sie tun müssen, umso wichtiger sind Sie selbst.

Doch irgendwie haben Sie trotzdem manchmal den Eindruck, dass Ihr Leben leer bleibt. Zugleich leiden Sie unter dem inneren Zwang, immer zu funktionieren und produktiv zu sein. Die Leichtigkeit des Seins kennen Sie nur aus Erzählungen – oder aus Ihrer eigenen Kindheit, wenn Sie sich daran erinnern. Vielleicht sollten Sie häufiger unwichtige oder *sinnlose* Dinge tun, um sich wieder leicht zu fühlen und zu neuem Leben zu erwachen. Hier ein paar wahllose Vorschläge:
Sie stellen sich lachend ohne Schirm in den Regen und lassen das Wasser an sich herunterlaufen. Sie legen sich ins Gras und schauen zu, wie der Wind die Blätter bewegt. Sie setzen sich in ein Café und bestellen ein ungesundes Getränk. Sie holen Ihre alte Gitarre hervor und versuchen, ein Lied zu spielen. Sie schlendern gemütlich über den Markt, obwohl Sie nichts kaufen wollen. Oder Sie stehen am Morgen drei Stunden früher auf, damit Sie einmal miterleben, wie die Stadt zu neuem Leben erwacht. Nun ja, vielleicht nicht nur die Stadt!

96 Die Trauer annehmen

Unzählige Menschen leiden und wissen nicht, warum. Sie sind angespannt und innerlich unruhig und kennen nicht den Grund. Möglicherweise haben sie sogar körperliche Beschwerden, deren Ursache sie nicht kennen.

Häufig liegt der eigentliche Grund lange zurück. Sie haben vielleicht ein einschneidendes Erlebnis nicht richtig verarbeitet. Sie haben den Schmerz bei einer großen Enttäuschung nicht zugelassen. Und besonders häufig: Sie haben ihre Trauer nicht angenommen und gelebt.

Gerade der Abschied von einem geliebten Menschen erfordert viel *Seelenarbeit*. Viele versuchen jedoch, um ihre Trauer einen großen Bogen zu machen. Sie betäuben den Schmerz, ertränken ihn, stürzen sich in die Arbeit und lenken sich ab.

Was erreichen sie damit? Sie betrügen sich selbst. Sie glauben, sich damit, dass sie ihre Trauer umgehen und vermeiden, etwas Gutes zu tun. Doch das Gegenteil ist der Fall. Sie werden krank an Leib und Seele.

Wie gehen Sie mit den großen Verlusten und Abschieden in Ihrem Leben um? Lassen Sie Ihre Trauer zu? Ohne Trauer können Sie keinen schmerzhaften Verlust verarbeiten. Ohne Trauer können Sie nicht richtig Abschied nehmen. Ohne Trauer können Sie sich nicht wirklich neu ausrichten. Ohne Trauer können Sie nicht wieder gesund werden. Und ohne Trauer wird immer ein Schatten über Ihrem Glück und Ihrer Freude liegen.

Deshalb ist es wichtig, dass Sie bereit sind, die Arbeit zu leisten, die die Trauer mit sich bringt: Sie sind bereit, schwach zu sein und ängstlich. Sie sind bereit, die Einsamkeit auszuhalten, den Schmerz und die Sehnsucht. Sie sind bereit, der Trauer die Zeit zu geben, die sie braucht.

Was ist jedoch, wenn der Abschied von einem Menschen schon länger zurückliegt? Auch dann kann es in vielen Fällen noch gelingen, die Trauer *nachzuholen*: Gehen Sie die alten Wege noch einmal, die Sie mit ihm oder ihr gegangen sind. Schauen Sie Fotos von damals an, erinnern Sie sich – und lassen Sie diesmal den Schmerz und die Tränen zu. Das ist schwer. Aber hinterher wird das Leben leichter sein.

97 Sich selbst schützen

Wenn ich im Neuen Testament lese, wie Jesus gelebt und gehandelt hat, geredet und geheilt, dann wird mir immer wieder deutlich, wie souverän er dabei war. Im völligen Vertrauen auf seinen himmlischen Vater verkündete er die frohe Botschaft von der Liebe Gottes.

Er liebte die Menschen, aber er machte sich in keiner Weise von ihnen und ihren Meinungen abhängig. Er erzählte spannende Beispielgeschichten, die die Menschen ins Herz trafen, aber er biederte sich ihnen niemals an. Er ging zu den Menschen, aber er drängte sich ihnen nicht auf. Er ruhte in sich selbst. Er wusste, was er wollte. Er tat, was er tun konnte, mehr nicht. Er war völlig engagiert und zugleich gelassen.

Als Jesus wieder einmal zu den Menschen sprach, kamen viele hinterher zu ihm, weil sie geheilt werden wollten. Immer mehr drängten sich in seiner Nähe. Sicher versuchten die Jünger, Ordnung in die Menge zu bringen. Sie sorgten dafür, dass niemand sich vordrängelte, sondern alle warteten, bis sie an der Reihe waren. Viele Stunden ging das schon so, und es warteten immer noch so viele.

Dann lese ich diese wenigen, schroffen Worte: „Da ließ Jesus sie einfach stehen, drehte sich um und ging fort“ (Matthäus 16,4). Ich kann mir gut die Reaktion der Jünger vorstellen: „Herr, das geht nicht. Die warten schon so lange. Denk doch, wie sehr sie dir vertrauen.“

Nein, Jesus ließ sich nicht überreden. Er wusste, dass es Zeit war, sich zurückzuziehen. Er brauchte diese Zeit, um sich zu erholen und neu zu sammeln. Er war am Ende seiner körperlichen und seelischen Kräfte. Es war genug.

Jesus war freundlich zu den Menschen, aber er war nicht nur nett und höflich. Er setzte sich für sie ein, aber er wusste genau, wo seine Grenze war. Er heilte Menschen, aber er war auch in der Lage, sich selbst zu schützen.

Vielleicht haben Sie das auch schon erlebt: Manchmal muss man Menschen enttäuschen oder zurückweisen, um sich nicht benutzen oder verletzen zu lassen. Manchmal muss man seine Meinung sagen und Entscheidungen treffen – deutlich und gelassen.

98 Öfter mal feiern

Vor längerer Zeit besuchte ich eine Bildungsveranstaltung, die sich über einen ganzen Tag hinzog. Beim gemeinsamen Mittagessen saß ich neben einer älteren Dame. Irgendwann ließ sie während unseres Gesprächs durchblicken, dass sie vor einigen Tagen Geburtstag hatte.

„Wie schön! Herzlichen Glückwunsch nachträglich", nahm ich den Ball auf, „wie haben Sie den Geburtstag denn gefeiert?"

Sie antwortete nicht sofort, sondern suchte nach Worten. Irgendwie war ihr das Thema wohl unangenehm. „Ja, wissen Sie, ich habe gar nicht gefeiert. Mir war nicht danach. Und feiern ist sowieso nicht meine Sache."

Ein wenig erschrocken war ich schon über ihre Antwort. Doch seitdem habe ich es von erstaunlich vielen Menschen gehört: „Ach, dieses Jahr nicht" oder „Ich hatte so viel zu tun, da ist das unterblieben." Sie lassen ihren Geburtstag einfach ausfallen: keine Gäste, kein Essen, keine Feier.

Ich bin inzwischen davon überzeugt, dass aus dem Leben solcher *Feier-Verweigerer* viel Farbe und Freude verschwindet. Denn ohne zu feiern, wird der

Alltag irgendwann fade und schließlich nur schwer erträglich. Schon vor fast 2.500 Jahren sagte der griechische Philosoph Demokrit: „Ein Leben ohne Feste ist wie ein langer Weg ohne Einkehr."

Wer feiert, zeigt damit: Ich freue mich über das Leben. Ich bin dankbar, dass es mich und all die anderen gibt. So ist jedes Fest ein Dankeschön. Für gläubige Menschen ist es zugleich ein Dankeschön an den, der uns allen das Leben geschenkt hat.

Wer feiert, zeigt: Mein Leben besteht aus mehr als Pflicht und Arbeit. Nichts ist so wichtig und dringend, dass ich nicht auch einmal Pause machen und mit anderen Menschen fröhlich sein darf. Nirgends bin ich so unentbehrlich, dass ich nicht zusammen mit anderen feiern darf.

Ein Fest ist ein Höhepunkt in einer Reihe von Alltagen. Ein Gottesdienst kann ein Fest sein, ein unvergessliches Konzert, ein besonderes Essen mit Freunden oder eine gemeinsame Wanderung. Und schnell fliegt all das, was unser Leben sonst so schwer macht, in der Festtagsstimmung zum Himmel empor.

99 Zu sich stehen

Vor Jahren nahm ich an einer großen Feier teil, bei der mir sofort eine fröhliche Frau auffiel, die irgendwie anders war als die anderen. Ihr Alter war schwer zu schätzen, sie war relativ klein und keine Schönheit im herkömmlichen Sinne. Aber sie besaß eine unglaubliche Ausstrahlung. Ich beobachtete sie eine ganze Zeit lang.

Was war das Besondere an dieser Frau? Sie drängte sich nicht in den Vordergrund. Sie lächelte niemandem auffordernd zu. Sie trug keine Schuhe mit extra hohen Absätzen, um größer zu wirken. Sie saß oder stand einfach da, als wäre es die selbstverständlichste Sache der Welt.

Irgendwann stand ich auf und ging zu ihr. Ich fragte sie ganz direkt nach dem Geheimnis ihrer Ausstrahlung. Sie schaute mich freundlich an und meinte: „Das ist nett, dass Sie mich so sehen." Mehr sagte sie erst einmal nicht.

Doch nach einer Weile begann sie, ihre persönliche Geschichte zu erzählen. „Bis vor einigen Jahren hatte ich vor allem ein Ziel: meinen Mitmenschen zu gefallen und sie zu beeindrucken. So versuchte ich auf unterschiedliche Weise, mich größer und

wichtiger zu machen. Wenn ich mit anderen über ein Thema sprach, tat ich so, als wäre ich besonders daran interessiert. Wenn jemand eine Meinung vertrat, stimmte ich ihm zu. Wenn mich jemand um einen Gefallen bat, sagte ich Ja, ohne nachzudenken. Ich verbog mich immer mehr. Ich kleidete mich wie die anderen. Ich nahm ihre Überzeugungen an. Ich engagierte mich, um ihnen zu gefallen."
Sie blickte mich fragend an: „Jetzt staunen Sie, nicht wahr? Ich wusste irgendwann gar nicht mehr, wer ich bin und was ich will. Anstrengend war das, sich so zu verbiegen. Bis es nicht mehr ging. Da war ich am Ende. Und die Krise dauerte Monate."
„Und was geschah dann?", fragte ich sie neugierig.
„Dann entschloss ich mich, herauszufinden, was ich eigentlich will, was ich gerne tue, wofür ich mich einsetzen will, wie ich mich kleiden und geben will. Und das war mein Durchbruch: einfach ich sein. Damit zufrieden sein. Zu mir stehen."
„Das steht Ihnen aber gut!", konnte ich mir beim Abschied nicht verkneifen.